FATORES DE DOENÇA, FATORES DE CURA

CONSELHO EDITORIAL

André Costa e Silva

Cecilia Consolo

Dijon de Moraes

Jarbas Vargas Nascimento

Luis Barbosa Cortez

Marco Aurélio Cremasco

Rogerio Lerner

Blucher

FATORES DE DOENÇA, FATORES DE CURA

Gênese do sofrimento e da cura psicanalítica

Antonino Ferro

Tradução
Marta Petricciani

Fatores de doença, fatores de cura: gênese do sofrimento e da cura psicanalítica
Título original: *Fattori di malattia, fattori di guarigione: Genesi della sofferenza e cura psicoanalitica*
© 2002 Antonino Ferro
© 2021 Editora Edgard Blücher Ltda.

Publisher Edgard Blücher
Editor Eduardo Blücher
Coordenação editorial Jonatas Eliakim
Produção editorial Bárbara Waida
Preparação de texto Bonie Santos
Diagramação Negrito Produção Editorial
Revisão de texto MPMB
Capa Leandro Cunha
Imagem da capa Wikimedia Commons

Blucher

Rua Pedroso Alvarenga, 1245, 4º andar
04531-934 – São Paulo – SP – Brasil
Tel.: 55 11 3078-5366
contato@blucher.com.br
www.blucher.com.br

Segundo o Novo Acordo Ortográfico, conforme
5. ed. do *Vocabulário Ortográfico da Língua
Portuguesa*, Academia Brasileira de Letras,
março de 2009.

É proibida a reprodução total ou parcial por
quaisquer meios sem autorização escrita da
editora.

Todos os direitos reservados pela Editora Edgard
Blücher Ltda.

Dados Internacionais de Catalogação
na Publicação (CIP)
Angélica Ilacqua CRB-8/7057

Ferro, Antonino
   Fatores de doença, fatores de cura : gênese do
sofrimento e da cura psicanalítica / Antonino Ferro ;
tradução de Marta Petricciani. – São Paulo : Blucher, 2021.
   244 p.

   Bibliografia
   ISBN 978-65-5506-275-5 (impresso)
   ISBN 978-65-5506-273-1 (eletrônico)

   1. Psicanálise. 2. Interpretação psicanalítica.
3. Modelo bioniano. 4. Fantasias inconscientes.
I. Título. II. Petricciani, Marta.

21-0719   CDD 150.195

Índice para catálogo sistemático:
1. Psicanálise

Conteúdo

Prefácio à edição brasileira   7

Elias Mallet da Rocha Barros

Prefácio à primeira edição   19

Florence Guignard

Introdução   33

Stefano Bolognini

1. Fatores de doença e defesas   39

2. Cultura da *rêverie* e cultura da evacuação   59

3. Continente inadequado e violência das emoções   73

4. O *après-coup* e a cegonha: campo analítico e pensamento
   onírico   91

5. Sonho de vigília e narrações   117

6. "Evidências": partir novamente de Bion   133

7. Da tirania do superego à democracia dos afetos: o trânsito transformador na mente do analista — 143

8. A autoanálise e os gradientes de funcionamento do analista — 163

9. Crise da idade-dobradiça e crise de acontecimentos--dobradiça — 181

10. Psicanálise e narração — 195

Referências — 217

Posfácio: a bicicleta com rodinhas, os tios e a cantiga dos dez "P" — 235

Vincenzo Bonaminio

Prefácio à edição brasileira

Elias Mallet da Rocha Barros[1]

Antonino Ferro, nascido na Sicília e radicado em Pavia, é atualmente um analista conhecido internacionalmente, com livros publicados em diversos idiomas, e dispensa apresentações. Sua influência sobre a psicanálise brasileira tem crescido ano a ano. Considero, assim, minha tarefa mais um testemunho que um prefácio.

Tomei contato pela primeira vez com um escrito seu no início da década de 1990, quando era editor da *Revista Brasileira de Psicanálise*, e imediatamente senti que ali havia um pensador de peso, que marcaria nosso tempo. O que mais me encantou foi sua síntese pessoal das ideias de Bion associadas ao conceito de campo proposto por Willy e Madeleine Baranger. Seu texto é povoado por metáforas vivas e esclarecedoras, e sua imaginação clínica é notável. A linguagem clara e simples usada no texto nos coloca em contato com um discurso psicanalítico renovado, algo fundamental na contemporaneidade e em um momento em que a psicanálise sofre intensa crítica por se constituir num discurso dito "velho". Ferro

---

1 Membro efetivo da Sociedade Brasileira de Psicanálise de São Paulo.

o faz sem nunca perder a profundidade de seu pensamento. Sua perspectiva narrativo-transformacional me remete ao que Braudel (1987), no campo da renovação dos estudos da história, disse a respeito da "História com H maiúsculo", ou seja, que "esta História é a soma de todas as histórias possíveis".

Ferro é um exemplo de quem está praticando o pensamento clínico tal qual descrito por André Green. Em sua introdução, Green (2002) comenta que a prática clínica é constituída por observações e adivinhações, e que teríamos dificuldade, inicialmente, de "encontrar nela a sombra de um pensamento". Em seguida, nos adverte quanto ao erro de considerá-la apenas uma prática, sublinhando: "penso que existe na psicanálise não apenas uma teoria da clínica, mas um pensamento clínico, isto é, um modo original e específico de racionalidade oriundo da experiência prática". Ferro descreve, em seus diversos trabalhos, em seus inúmeros exemplos clínicos, como é esse modo original e específico de racionalidade oriundo da experiência prática.

Ferro é generoso em sua abertura para o pensamento de seus colegas italianos e latino-americanos, o que também expressa a amplitude de seu pensamento. Do texto deste livro, salta a nossos olhos uma racionalidade clínica dinâmica própria de uma teoria no processo de se fazer prática e de uma prática no processo de se fazer teoria. O autor nos obriga a pensar, a nos questionar a cada momento e, nesse sentido, nos remete às inquietações apresentadas por Stefania Manfredi (1998) em seu ótimo livro *As certezas perdidas da psicanálise clínica*. Manfredi é frequentemente mencionada em seus textos. Sabemos que a teoria de que dispomos não tem dado conta, nem conceitual nem descritivamente, da riqueza do fenômeno clínico que observamos, o que não quer dizer que nossa clínica não seja rica ou efetiva.

Ferro nos apresenta uma clínica renovada, inspirada em Madeleine e Willy Baranger, bem como na releitura de alguns conceitos winnicottianos, e sustentada massivamente por sua interpretação pessoal das implicações clínicas do pensamento de Bion. Na base de suas concepções, está presente o modelo do sonho, particularmente do sonho em estado de vigília, também discutido recentemente por Ogden, que utiliza de maneira inteligente e ilustrativa os conceitos de espaço transicional, no qual se formam os significados, e de comunicação via identificação projetiva.

Ferro enfatiza a necessidade que a mente humana tem de ser "cuidada" por longos anos para que possa usufruir da complexidade do universo das emoções e da vida. Ele pensa que psicanalisar é "curar" o pensamento. Curar não no sentido do modelo médico, que busca a supressão do sintoma com, digamos, um antibiótico e faz com que o paciente retorne a seu estado original. Ele concebe a cura no sentido que a palavra adquire, por exemplo, na expressão "cura do queijo" (metáfora previamente proposta por Fabio Herrmann), isto é, cura no sentido das transformações que levam ao amadurecimento do produto, conduzindo-o a um estado em que todas as qualidades do queijo são transformadas a partir de enzimas nele existentes, operação desencadeada por fatores do ambiente e, algumas vezes, resultado de manipulações. Daí segue a metáfora do analista-enzima, que facilita a digestão do conteúdo da mente, que transforma os elementos β em α aproveitáveis, plenos de significados que farão florescer a imaginação e, assim, a vida psíquica. Nino, como o chamo carinhosamente, se aproxima aqui de algo belamente ressaltado por Segal quando diz que várias disciplinas estão dedicadas à busca da verdade, mas que a psicanálise é a única dentre elas na qual essa busca da verdade tem uma função terapêutica.

Ferro nos descreve um modelo bioniano no qual os personagens, criados na história narrada da sessão, são nós de uma rede narrativa interpessoal que nascem como holografias afetivas da inter-relação emocional atual estabelecida entre analista e paciente. Os personagens são criados no encontro e, na sessão, joga-se com estados de espírito. Nesse modelo, uma história está sempre em curso para acontecer imprevisivelmente, enquanto no chamado "modelo clássico kleiniano", segundo Ferro, a história existiria para ser decifrada, e o futuro, para ser previsto. No contexto desses modelos, a interpretação kleiniana seria decodificadora/reveladora, e a interpretação bioniana seria criativa, não exatamente uma interpretação, mas, antes de tudo, uma observação desbravadora de novos horizontes. Essa crítica pode ser parcialmente verdadeira no que se refere a um modelo clássico kleiniano até fins da década de 1960, e foi importante na obra de Ferro para que se desse mais ênfase ao aspecto poiético da intervenção do analista. Em seus escritos, Ferro parece incorporar a ideia de que o histórico modela o instante relacional e o exprime, embora não se detenha nesse aspecto, deixando um espaço aberto para indagações.

Pessoalmente, acredito que a interpretação é concomitantemente um ato de revelação/decodificação (no sentido de exposição de um fato antes obscuro, de maneira a surpreender) e, em decorrência desse caráter revelador, um ato de criação de significados que se incorporam ao ser do paciente, não se esgotam no momento em que ocorrem e ainda permanecem disponíveis para outras reinterpretações, na medida em que criam (ou recriam) uma subjetividade, dotando o ego de um eu-intérprete.

Esse duplo caráter da interpretação, que alguns consideram contraditório, tem sua origem na questão de como conceber a relação entre as instâncias consciente e inconsciente a partir de uma discussão iniciada por Freud sobre o modo de relação entre os dois. Cabe enfatizar que o pensamento de Nino Ferro está em linha com a ideia de que a natureza consciente ou inconsciente de uma representação não deriva do espaço psíquico onde ela existe nem de um fator quantitativo. Seu caráter consciente ou inconsciente depende da maneira como ela é articulada, no mundo interno, com as vivências emocionais e com seus derivados narrativos. Assim, os modos consciente e inconsciente não existem em paralelo, mas mantêm uma relação dialética entre si; e cada um só adquire sua qualidade por referência ao outro.

As interpretações saturantes para Ferro, em consonância com Bion, são aquelas que preenchem o vácuo do infinito informe da mente do paciente com conhecimento derivado de teorias enquadrantes ou de pontos de vista pessoais do analista. Bion insiste, por meio de sua postura frente ao que pode ser observado, na necessidade de a interpretação deixar aberta a possibilidade de desenvolvimentos da vida de fantasia do paciente, fazendo uma profissão de fé na capacidade criativa da mente. Ele propõe que não se interprete o que o paciente já sabe, apenas se usa o que se "está sabendo" para impedi-lo de se aproximar do que se "está sendo" (K que se opõe a O) (Bion, 1965, p. 167).

Penso que podemos depreender das conceituações de Antonino Ferro que a interpretação pode ser vista como um ato de apreensão metafórica do processo de constituição das experiências emocionais, no momento mesmo de sua ocorrência, e, portanto, já indicador do processo pelo qual os significados são construídos. A interpretação, nesse contexto, é também um ato de criação de significados, tanto para o paciente quanto para o analista, embora de qualidade diferente, que amplia o universo da emoção ao abrir redes de vivências emocionais até então impermeáveis. A metáfora apreendida pela interpretação não se limita a revelar isomorfismos em Ferro – nem, seria possível dizer, nos kleinianos contemporâneos. A interpretação associa conjuntos de experiências mediante processos comparativos, abrindo-as uma para as outras. Ao procurar os derivados narrativos da experiência pictografada na mente do paciente, Ferro está lidando, a seu modo, também com essas fantasias inconscientes.

Fantasias inconscientes são atuadas na sessão e na vida, independentemente da vontade ou do conhecimento do paciente, e não se reduzem a histórias a serem contadas para o analista. Essas histórias são atuadas na sessão, e é por meio da narrativa do paciente na sessão que temos acesso aos personagens que contam a história do relacionamento desse paciente no mundo. Na sessão com o analista, com o qual o personagem é construído, as fantasias são transformadas em ação. São as alterações na constituição desse personagem que expressam formas de articulação da experiência emocional que operam a transformação do saber sobre para o tornar-se outro, com base no movimento contínuo do que somos.

Neste ponto, é interessante comparar a abordagem de Ferro com a de Betty Joseph. Joseph daria ênfase ao seguimento dessas fantasias no nível das relações objetais existentes no mundo interno, que são expressas como convites para o analista (ou indivíduos do mundo externo ou interno) atuá-las na sessão ou, mais sutilmente, sentir determinados sentimentos. Ferro, por sua vez, já trabalha a partir de como essas fantasias estão expressas nos derivados narrativos expressivos do mundo interno do paciente. Joseph dá mais relevância ao sistema de defesas em operação empregado pelo paciente para manter seu atual estado de equilíbrio. Ferro, por sua vez, busca a história da dupla que nos está sendo narrada pelo paciente enquanto expressão do que ele está vivendo no aqui e agora da sessão. Creio que, da comparação entre as abordagens de Betty Joseph e Antonino Ferro, podemos ver como operam duas das mais marcantes abordagens clínicas da sessão. O contraste entre ambos nos permite ver melhor cada um deles.

Strachey (1934), ao cunhar o termo "interpretação mutativa", referindo-se ao objetivo a ser almejado (embora nem sempre alcançado) por todo analista durante o processo da psicanálise, não se referia apenas a interpretações que produzissem "mudanças" momentâneas. A palavra "mutativa" tem origem em "mutação", termo da genética. Uma mutação altera não só o presente, mas toda a progenitura que vier a se originar desse presente. A interpretação mutativa é aquela que altera a estrutura da organização mental e passa a produzir experiências emocionais de qualidade diferente e que transformam um conhecimento em uma maneira de ser. Hoje provavelmente falaríamos de processos mutativos, constituídos de um conjunto de interpretações dadas ao longo de uma série de sessões. Em Ferro, a transformação da organização mental é fruto da forma como o analista-enzima atua sobre os derivados narrativos dos personagens do mundo interno de modo a lhes propiciar um enriquecimento do sistema simbólico das representações mentais que se tornam disponíveis por meio do sonhar sob a forma que chamei de pictogramas afetivos (Rocha Barros, 2000). Esse enriquecimento se dá, a meu ver, por meio daquilo que Susanne Langer (1953) considera "progressão das qualidades formais" das estruturas simbólicas. Sabemos que é a memória que mantém a unidade de nossa experiência, mas ela só estará disponível para a elaboração emocional se vier acompanhada dos aspectos expressivos das vivências emocionais a ela associadas. Langer escreve, em *Sentimento e forma* (1953), a propósito da função do símbolo e de suas associações na obra de arte, algo que parece nos permitir entender melhor a questão no contexto psicanalítico. Ela diz:

> *A função da "semelhança" é dar às formas uma nova corporificação em ocasiões puramente qualitativas, irreais, libertando-as de sua corporificação normal nas*

coisas reais, de forma que elas possam ser reconhecidas por si mesmas e que possam ser livremente concebidas e compostas tendo em vista o alvo fundamental do artista – a significação, ou a expressão lógica. (p. 53)

Daí se segue a importância do que Ferro (1995) chama de processo de compactação (condensação) de experiências presentes nas imagens dos sonhos, dizendo que são "nomeações sincréticas de emoções (no caso em forma de imagem) em busca de personagens (não necessariamente antropomorfos) que permitam desenvolvimentos narrativos das mesmas" (p. 109). O sincretismo, no caso, é resultado da associação de experiências à primeira vista não conectadas.

Tenho tido em Antonino Ferro um grande interlocutor para minhas reflexões. Assim, em outro trabalho, inspirado grandemente pelas críticas de Ferro ao pensamento kleiniano clássico, procurei mostrar que a tarefa do analista diante da fala do paciente, do ponto de vista do enfoque transferencial, se assemelha mais ao trabalho do criptolinguista diante de uma língua desconhecida a ser decifrada que ao do intérprete diante de uma língua estrangeira. O intérprete possui a chave que permite a tradução da língua estrangeira, enquanto o criptolinguista não a possui, e sua tarefa consiste em encontrá-la. Este, em sua tentativa de decifrar a língua desconhecida, procura identificar padrões que lhe permitam descobrir o que Chomsky denominou gramática gerativa. A busca de correspondência palavra a palavra entre uma língua conhecida e outra desconhecida seria fadada ao fracasso, pois o significado delas depende, na maioria dos casos, de sua função no contexto sintático, ou seja, gramatical, em que se situam. Da mesma forma, a relação entre a narrativa do paciente e os conteúdos inconscientes que são atuados não tem uma correspondência do tipo analógico.

Sua relação é mais do tipo metafórico, na medida em que ela se estabelece em torno de semelhanças de significados e/ou funções. Penso que as relações entre o inconsciente e suas manifestações conscientes podem ser pensadas como se constituindo numa gramática. Utilizo o termo gramática no sentido que lhe deu Fernand Braudel (1987) para descrever os processos que regem a constituição das diversas histórias ocorrendo simultaneamente no processo de constituição de uma civilização.

Os trabalhos de Nino Ferro se inserem no contexto de um número significativo de obras recentemente publicadas que expressam um processo de renovação (muito bem-vindo) do pensamento de inspiração kleiniana. (Veja, por exemplo, os livros publicados por Elisa Maria de Ulhôa Cintra e Luís Claudio Figueiredo, no Brasil, Jean Michel Pétot, Julia Kristeva e Françoise Guignard, na França, e Meira Likierman, John Philips e Lyndsey Stonebridge, na Inglaterra.) Esse processo histórico ocorre naturalmente sem determinação expressa consciente desses autores. E, para detectá-lo como tendência, como diz Skinner (1969), é preciso "enfocar a matriz mais ampla, social e intelectual de que suas obras nasceram". Nessa perspectiva, os trabalhos de Pétot são exemplares dessa abordagem. É preciso ter um certo distanciamento do cenário em que se processa esse movimento (Rocha Barros, 2005). Skinner (1969) ressalta que "a natureza e os limites do vocabulário normativo disponível, em qualquer época dada, também contribuirão para determinar as vias pelas quais certas questões específicas virão a ser identificadas e discutidas". É nesse contexto que as metáforas vivas, ilustrativas do que ocorre no processo clínico de análise, utilizadas por Ferro, podem ser consideradas também parte do processo de renovação do vocabulário normativo (no sentido epistemológico) com o qual trabalhamos.

16   PREFÁCIO À EDIÇÃO BRASILEIRA

Nesse mesmo texto, Skinner propõe que os autores estão *fazendo* algo quando escrevem, e não apenas expressando ideias. Ao escrever, os autores criativos estão respondendo a uma preocupação de seu tempo, intervindo num debate, reformulando questões propostas em sua época.

Este texto de Ferro é um importante exemplo dessa intervenção no campo da teoria da patologia. Ele representa, a meu ver, uma resposta a uma necessidade de um momento histórico da psicanálise, não podendo ser encarado apenas como mais um conjunto de ideias interessantes de um autor que vem se destacando no cenário psicanalítico mundial. Igualmente, sugiro que este trabalho é uma reflexão sobre uma questão interessante apresentada por Julia Kristeva (2002b), sobretudo se tivermos em vista as críticas que a psicanálise vem recebendo a partir da neurociência. Ela se pergunta: que características da palavra interpretativa podem entrar em ressonância com o destino simbólico do sujeito para tocar até seus substratos biológicos e modificá-los?

Um autor se constitui como tal não pelas respostas dadas aos problemas que tenta resolver, mas pela própria escolha da problemática por ele abordada. Bem-vindas, pois, são as problemáticas trazidas por Antonino Ferro, também um grande amigo da psicanálise brasileira.

São Paulo, 7 de junho de 2005

Referências

Bion, W. R. (1965), *Trasformazioni. Il passaggio dall'apprendimento alla crescita*. Tr. it. Armando, Roma, 1973.

Braudel, F. (1987), *Grammaire des Civilisations*. Arthaud-Flamarion, Paris.

Febvre, L. (1978), "Marc Bloch et Strasbourg". In Le Goff, J. *La Nouvelle Histoire*. Editions Complexe, Paris.

Ferro, A. (1995), *A técnica na psicanálise infantil*. Imago, Rio de Janeiro.

Green, A. (2002), *La pensée clinique*. Odile Jacob, Paris.

Kristeva, J. (2002a), *Le génie féminin. Melanie Klein*. Fayard, Paris.

Kristeva, J. (2002b), *As novas doenças da alma*. Rocco, São Paulo.

Likierman, M. (2001), *Melanie Klein: her work in context*. Continuum, Londres & Nova York.

Manfredi, S. T. (1998), *As certezas perdidas da psicanálise clínica*. Imago, São Paulo.

Stonebridge, L., Philips, J. (1998), *Reading Melanie Klein*. Routledge, Londres.

Rocha Barros, E. L. (2005), *Continuidade e ruptura*. Comunicação no 44º Congresso Internacional de Psicanálise [trabalho não publicado].

Rocha Barros, E. M. (2000), O processo de constituição de significado na vida mental: afeto e imagem pictográfica. *Revista Brasileira de Psicanálise*, 34, 1, pp. 55-68.

Rocha Barros, E. M., Rocha Barros, E. L. (2006), O significado de Melanie Klein. *Viver Mente e Cérebro*, maio, pp. 221-233.

Skinner, Q. (1969), *History and theory*. Wesleyan University Press, Middletown.

Strachey, J. (1934), "The nature of therapeutic action of psycho-analysis". In Langs, R. (Org.), *Classics in psycho-analytic technique*. Jason Aronson, Nova York, 1977.

Prefácio à primeira edição

Florence Guignard[1]

Reencontrar Antonino Ferro em sua clínica apaixonada e cheia de vida, rigorosamente iluminada pela metapsicologia, com suas extraordinárias capacidades de diretor e narrador da relação analítica, provoca sempre um prazer que nos transmite uma sutil euforia: por alguns instantes, nos sentimos à vontade neste trabalho impossível, felizes ainda que a angústia, ou mesmo o desespero, constitua a trama mais evidente de nossos dias, ainda que nossos meios nos pareçam inadequados diante da imensidade da dor e da destrutividade humana.

Mas o que dizer de novo, neste volume, de uma obra já bem consolidada nessa virada de século?

Na medida em que Ferro lembra o quanto deve à "teoria do campo" dos Baranger, às ciências da linguagem como se desenvolveram a partir de Umberto Eco e à psicanálise de criança, que estimula constantemente a criatividade e todos os dias recorda ao

---

1 Analista didata da Sociedade Psicanalítica de Paris, da qual foi vice-presidente por dois mandatos.

20 PREFÁCIO À PRIMEIRA EDIÇÃO

analista a modéstia, uma leitura superficial do livro poderia enganar aqueles que estão familiarizados com suas obras anteriores e que já sabem que Antonino Ferro fez frutificar os parâmetros mais fecundos da psicanálise contemporânea.

De fato, *Fatores de doença, fatores de cura*, no qual Ferro nos beneficia com os novos desenvolvimentos de seus pensamentos, constitui uma virada ao mesmo tempo relevante e refinada. O verdadeiro motivo ele mesmo fornece: nunca, ele diz, se fez trabalhar tanto o pensamento de Bion. O resultado é um excelente instrumento para o psicanalista no trabalho, extraordinariamente útil para revelar *a gênese, os lugares e as modalidades de expressão* do sofrimento psíquico e, consequentemente, para tentar utilizá-lo pelo menos como fator de cura: "making the best of a bad job", escrevia Bion, brincando plenamente com a polissemia anal da expressão. Este prefácio tentará iluminar o caminho de Ferro aos leitores, que descobrirão toda a sua dimensão no corpo da obra.

Como acontecia com Freud e Melanie Klein, a genial criatividade de Bion lhe confere o dom de distinguir entre aqueles que se aproximam do seu pensamento; posto que alguns não o tenham descartado imediatamente sob falsos pretextos que só mascaram seu obscurantismo, outros atolam nele, em uma imitação estéril. Aos observadores (não sempre) benévolos de sua audácia, estes apresentarão, então, uma caricatura dos novos parâmetros teórico-técnicos propostos à comunidade psicanalítica.

Outros ainda, mais capazes de aberturas, captam o espírito aquém, no significado literal, e além do significado literal; esforçando-se para assimilar as novas contribuições dos grandes da psicanálise, estes aceitam levar adiante essa experiência de pensamento emocional que é a cura analítica, como a propôs Freud, e como qualquer analista digno desse nome teve de experimentar por longo tempo sobre si mesmo, antes de se sentir autorizado a fazer com que a ela acedam aqueles que, de agora em diante, lhe confiarão seu bem mais precioso: a sua vida psíquica e, às vezes, a própria vida.

Ferro pertence a esses últimos, e as novidades desta obra o confirmam plenamente. De fato, com base em uma integração cada vez mais importante do pensamento de Bion com a reflexão teórico-técnica sobre seu trabalho cotidiano de analista, o autor nos propõe aqui aquilo que chamarei de um "díptico holográfico", constituído em fazer corresponder a nosografia psicanalítica de um lado e os fatores terapêuticos em psicanálise de outro.

Desenhando logo três lugares de patologia psíquica, ele assim define os dois primeiros:

a) uma grave patologia devida a uma carência de função α. Aqui há uma falta ou uma carência na própria formação do pictograma visual, inclusive da própria função mental, "como se faltasse a película do filme";

b) uma patologia devida ao desenvolvimento inadequado de uma ou mais das três funções de base: "continente-conteúdo" (feminino-masculino), "oscilação entre posição esquizoparanoide e depressiva" (PS↔D), "oscilação entre capacidade negativa e fato selecionado" (CN↔FS). Nesta patologia, formam-se os elementos α, mas os aparelhos que devem trabalhá-los são defeituosos.

De certa forma, é como se a película ficasse impressionada, mas não fosse revelada (carência de CN↔FS), ou como se não houvesse uma organização dos diferentes planos onde se situam os milhares de fotogramas formados (insuficiência do trabalho de PS↔D), ou ainda, como se não existisse um "recipiente para a revelação" (carência da função continente-conteúdo).

A esses dois "lugares de patologia psíquica" acrescenta-se um terceiro: c) o traumático. Quando os traumatismos se acumulam na vida de um sujeito, torna-se traumática qualquer situação que produza um excedente de elementos β que não possam ser transformados em α e tratados em seguida em uma tessitura de emoções e de pensamentos.

Naturalmente, há inúmeras combinações entre esses três fatores, e Ferro não se limitará a enumerar as defesas clássicas que se organizam contra estas patologias – cisão (na qual a quantidade de elementos β que não pode ser tratada será cindida e projetada para fora), recusa, negação, distúrbios psicossomáticos, alucinações, atuações psicopáticas, perversões, destruição psíquica, narcisismo etc.

Ele propõe também o conceito segundo o qual os agregados do que Bion chama de "fatos não digeridos" e que ele designa com o nome evocativo de "balfa" (β mal transformados em α) constituem a defesa primária contra qualquer patologia; portanto são esses mesmos "fatos não digeridos" que constituem os fatores por excelência da transferência.

Ferro afirma que todo paciente é uma "quimera" constituída por elementos dos fatores (a), (b) e (c). Partindo do ponto de vista, normalmente aceito em psicanálise, segundo o qual os mecanismos de defesa utilizados por um sujeito tornam-se patológicos somente quando se fixam em uma organização estável, e lembrando que uma defesa, mesmo patológica, pode proteger um indivíduo de uma doença ainda mais grave, ele propõe considerar qualquer reflexão sobre "fatores terapêuticos" como o "positivo reparador" dos elementos desses fatores (a), (b) e (c).

Detém-se em sublinhar o tipo de atenção e de perspicácia que devem ser utilizadas com pacientes que fazem um uso tão diversificado das defesas classicamente catalogadas pela psicanálise. É nesse ponto que a habilidade do analista dependerá de seus modelos psicanalíticos e da sua teoria da técnica.

Ferro propõe à nossa reflexão muitas situações da clínica cotidiana mais comum e discute os diferentes ângulos de abordagem possíveis: interpretar o conteúdo como um material edípico, como uma repetição de uma lembrança recalcada, como o aparecimento repentino de um fantasma inconsciente, como uma vivência transferencial de raiva contra um analista que tira algo de importante ao paciente; ou colocar a ênfase sobre o reconhecimento, por parte do analista, das capacidades – pouco habituais – do paciente de sentir emoções e de utilizá-las para pensar; ou ainda sublinhar o que se refere a uma forma de colocar o analista à prova diante de um elemento parcialmente negativo da transferência: ele o perceberá? Fará algo com isso?

Ferro passa em revista também muitos conceitos nosográficos, cujo significado é polivalente, segundo o contexto da organização psíquica na qual são ativos.

Assim, examina o *narcisismo*, cujo núcleo principal coincide com um aglomerado de elementos "balfa" compactados. Portanto, é um mecanismo de defesa bem sucedido e eficaz... tanto que não é considerado como podendo ser o lugar da tecedura elaborativa dos estados protoemocionais! Na realidade, estes últimos estão cindidos, projetados no outro, onde são vividos, apesar de tudo, como uma função α subsidiária, o que explica a sensibilidade dos Narcisos ao juízo que atribuem ao outro, referente à própria pessoa.

Examina a *onipotência* que, de um lado, pode servir para reduzir ao mínimo os estímulos sensoriais e protoemocionais nos sujeitos que carecem de função α, na falta da qual se assiste a um entupimento de excitações ou a um desmantelamento (pensamos naturalmente nas patologias autísticas). Por outro lado, essa mesma onipotência pode, por trás de situações de ciúmes e de possessividade, servir, na realidade, como salva-vidas aos indivíduos que sofrem de angústia de desmoronamento e de aniquilação – o que Ferro chama de "síndrome do náufrago".

Também examina a *frustração* que representa, se o indivíduo não dispõe de uma função α suficiente, uma brusca mudança de estado de mente, com uma onda de sensorialidade em relação às protoemoções. Essa onda não poderá ser "pictografada em elementos α" e será, portanto, evacuada ou "ruminada mentalmente" sem proveito algum para o desenvolvimento psíquico.

Sua proposta de classificação em três lugares nosográficos, (a), (b) e (c), naturalmente leva Antonino Ferro a examinar o problema da analisabilidade.

Ele considera que os pacientes organizados principalmente em torno do lugar de patologia psíquica (c) sejam os mais fáceis de analisar; seus elementos "balfa" e sua tendência à identificação projetiva os colocam logo em uma relação transferencial na qual esperam do analista um trabalho de significação ou de ressignificação.

Notamos, entre outras coisas, que a valência masoquista da tendência à repetição no traumatizado não parece preocupar Ferro. Eu creio que nos aproximamos de uma das características da sua elaboração dinâmica da análise. De fato, nenhum fator, mesmo pertencendo à mais terrível realidade, é jamais considerado por ele de forma isolada e estática. Logo que ele ouve um material qualquer, sua preocupação imediata é encontrar um *segundo elemento* com o qual relacionar o primeiro. Tudo isso o leva a propor um trabalho frutífero sobre cisões e sua organização, em relação às situações traumáticas que frequentemente levam os pacientes a se encontrarem em "cisões passivas" (Meltzer) por causa das circunstâncias que viveram.

O caso de Lorenzo, no segundo capítulo – "Cultura da *rêverie* e cultura da evacuação" – ilustra com eficácia a agudeza com a qual Antonino Ferro distingue, no material trazido pela criança, o que é significativo e permite restabelecer uma dinâmica intrapsíquica e interpessoal. O quinto capítulo – "Sonho de vigília e narrações" – articula esta dinâmica com o domínio que Ferro demonstra em relação ao instrumento *princeps* da análise, que é a linguagem. Não voltarei a esse ponto, de que já tratei em outro texto (Guignard, 2000a).

Os pacientes organizados principalmente em torno do pólo patológico (b), pacientes narcisistas e "casos-limite", necessitam, antes de mais nada, de um trabalho sobre suas funções psíquicas insuficientes e defeituosas. A função α existe, mas seus produtos são pouco "digeríveis"; para eles, as interpretações clássicas significam um sentimento mais de perseguição que de crescimento psíquico, visto que falta um lugar para contê-las e uma modalidade de utilização para aproveitá-las.

É preciso ler os desenvolvimentos de Ferro, particularmente o terceiro capítulo – "Continente inadequado e violência das emoções" – sobre as vicissitudes dos "continentes" às voltas com "conteúdos" explosivos, ou mesmo "killer" em relação à fragilidade ou à inadequação dos referidos continentes, para compreender a pertinência e a dinâmica dessa dialética, cujo modelo Bion propôs cerca de quarenta anos atrás e que se encontra ainda muito frequentemente confinada numa linguagem de berçário por parte de psicanalistas que claramente não captaram as implicações técnicas e metapsicológicas que ela propõe.

Finalmente, os pacientes com patologia essencialmente constituída em (a) devem ser considerados como tratamentos "de investigação", porque, nesses casos, trata-se de (re)construir o processo de transformação de "quantidades importantes" de elementos β em "elementos" α, e também o método (função α) para realizar essa transformação.

As interpretações clássicas ou os comentários um pouco mais elaborados são vividos por esse paciente como estímulos sensoriais que causam uma ulterior evacuação, como lembra Bion quando diz que os próprios pensamentos podem ser evacuados como elementos β quando uma capacidade receptiva é defeituosa.

Em diversos capítulos, Ferro comenta, de um ponto de vista psicanalítico, alguns textos literários, especialmente contemporâneos, dos quais existe a versão cinematográfica, que se referem à violência, ao canibalismo (especialmente *O silêncio dos inocentes* e *Hannibal*, de Thomas Harris) com uma extraordinária pertinência e uma capacidade de compreensão que impõem respeito.

Ferro não pensa que existe um "instinto de morte" enquanto tal, mas considera a pulsão de morte como uma herança transgeracional de elementos β que foram acumulados sem que tenham podido ser transformados e elaborados. Eles excedem a "capacidade atual da nossa espécie de elaborar". "Quando as coisas funcionam bem, chamamos esse acúmulo de parte psicótica da personalidade, que compartilhamos, cada um de nós, com todo o gênero humano; se não, o denominamos destrutividade ou instinto de morte: sendo que – a meu ver – é somente o resíduo do que foi possível elaborar no pensamento, *mas apenas por uma questão quantitativa*: a nossa capacidade de mentalizar ainda é inferior em relação às necessidades, e o que 'sobra' permanece ativo, pressiona e frequentemente nos conduz a ações de violência ou doenças psicossomáticas ou psíquicas" (Capítulo 1).

Gostaria de concluir este breve prefácio reunindo em uma única reflexão os últimos três capítulos desta nova obra. De fato, se acrescento ao que precede os desenvolvimentos de Antonino Ferro sobre o *pensamento onírico de vigília* e a mudança de *vértice* que ele imprime à atividade psicanalítica, pelo que escreve: "não é mais suficiente 'interpretar', é necessário 'transformar'", não há dúvida, para mim, de que este autor procede segundo parâmetros que eu poderia classificar entre os "conceitos metapsicológicos de terceiro tipo" (Guignard, 2001, 2002), segundo uma classificação muito geral que recentemente tentei estabelecer pela reflexão sobre as diferentes orientações que se oferecem para a atividade do pensamento de qualquer psicanalista após um dia de trabalho clínico.

Este esboço de classificação considera, de um ponto de vista mais abstrato e mais modelado do que o pensamento durante a sessão, a natureza e qualidades dos objetos que se apresentam no campo da relação analítica, a dinâmica e os eixos da transferência, as curvas da contratransferência, as modalidades do infantil (Guignard, 1996a) apoiado pela regressão, as aporias do material onírico e os mistérios dos movimentos identificatórios.

Então, inevitavelmente, traz a marca do estilo pessoal do psicanalista, o sinal da cultura do ambiente e da história da psicanálise no seio de tal cultura. Essas ressalvas não impedem que se tente fazê-la, nem que seja apenas para abrir o debate.

Portanto, parti de uma hipótese de classificação – não exaustiva, naturalmente – que distingue *três tipos de conceitos metapsicológicos*.

Os *conceitos do primeiro tipo* compreendem aqueles relativos à *dinâmica das forças psíquicas*, como as pulsões, a sexualidade infantil, os conteúdos inconscientes dos sonhos e dos fantasmas – fantasmas inconscientes e fantasmas originários –, e as relações de objeto inconscientes, internas ou externas.

Os *conceitos do segundo tipo* compreendem, *de um lado*, os relativos à *estrutura do funcionamento psíquico*, como a organização edípica, a tópica da primeira teoria das pulsões (inconsciente, pré-consciente, consciente) e aquela da segunda teoria (ego, su-perego, id), os conceitos que se referem à modalidade de funcionamento do pensamento do sonho (representação, deslocamento, condensação, reinversão etc.); *de outro*, os conceitos que interessam à *mecânica da organização defensiva* (Guignard, 1996b), como os *mecanismos defensivos de base* – projeção, introjeção, cisão, recusa, idealização –, as *funções defensivas secundárias* organizadas em torno do recalcamento, e a *mentalidade grupal*, agregada em torno de pressupostos de base (Bion, 1948-1961).

Os *conceitos de terceiro tipo* estendem sua *dinâmica em um âmbito espaço-temporal de quatro dimensões* (Bégoin-Guignard, 1983): gerados pela conjunção de diferentes vetores, eles não se orientam nem sobre um único ponto – como a representação, por exemplo – nem sobre uma só ligação entre dois pontos – como o trajeto entre o trauma e os traços mnêmicos, por exemplo. Trata-se de conceitos regulados pelo aleatório da *transformação* (Bion, 1965) e pela "capacidade negativa" (Bion, 1970); eles estudam as ligações entre as ligações, na maioria das vezes partindo de conceitos bipolares.

Relativos à interatividade transformadora dos "transmissores psíquicos" (como falamos de "transmissores" em biologia celular), estes conceitos de terceiro tipo aparecem pela primeira vez em Freud no *Projeto para uma psicologia* (Freud, 1985). Também os encontramos em Klein, quando, em *Notas sobre alguns mecanismos esquizoides*, conceitua a *identificação projetiva* (Klein, 1946), e depois em W. R. Bion, que lhes dá toda uma amplitude semântica quando estabelece a sua *teoria psicanalítica do pensamento* com os conceitos vazios (α e β), os conceitos com sinal duplo (continente-contido, feminino-masculino e L±, H±, K±), como a mão dupla que ele imprime a certos conceitos já estabelecidos (PS↔D; Bion, 1961). Estes não significam *estados psíquicos*, mas *momentos intra e interpsíquicos de transformações* observáveis no tratamento analítico. Eles guiarão o psicanalista na sua avaliação da *qualidade de linguagem emocional* específica de cada autêntica experiência no *campo analítico*, coisa que, do meu ponto de vista, constitui uma base de avaliação mais confiável do que os parâmetros interessados somente na *representação*.

Esses conceitos permitem que nos aproximemos ainda mais do modo real de funcionamento da vida psíquica, que é, por definição, de natureza *cinética e imponderável*. Eles se mostram úteis, antes de tudo, no campo do conjunto dos *movimentos de transferência e contratransferência*.

De fato, nenhum psicanalista, mesmo que se esforce para diferenciar o que pertence a ele e o que pertence ao paciente, poderá impedir os objetos psíquicos da dupla corrente transfero-contratransferencial de circularem de forma pouco reconhecível no campo "quântico" do espaço analítico, segundo as múltiplas valências das pulsões do eu dos dois protagonistas.

O modelo do *pensamento do sonho* proposto por Freud um século atrás já tinha quebrado, pela primeira vez no campo científico, a enganosa unidade do discurso, suspendendo a compreensão do discurso manifesto do paciente com a escuta das associações livres. Mas as defesas contra a linguagem do inconsciente não são fáceis de abater. Os conceitos do terceiro tipo – especialmente aqueles do *campo analítico*, de *transformações* e de *narração dialógica da cura* (Ferro, 1999) – nos conduzem a uma modalidade de escuta ao mesmo tempo mais sutil e, paradoxalmente, mais precisa em relação àquela que olhava somente para a *restituição do discurso manifesto* do paciente. E como descobrir um nível latente se não se pode restituir o nível manifesto que se presume que a ele corresponda?

Bion salientou o *pré-requisito* de uma *transformação "através do"* e *"no" psiquismo do analista* de elementos emocionais, às vezes muito violentos, ou mesmo desesperados, trazidos para o campo analítico pelo paciente e pelo analista. Esta atividade de transformação psíquica no analista servirá de paraexcitação (Braunschweig, Fain, 1975) permitindo que uma transformação possa ser percebida *no paciente*, orientando particularmente suas *pulsões sádicas* – que, depois de M. Klein, sabemos que constituem o ponto de partida, mas também o ponto de fixação e de regressão das *pulsões epistemofílicas* – em direção a uma *transformação integradora*, fora do movimento de fragmentação que as regulava no início.

Certamente, pela qualidade inexaurível do Inconsciente e pela circularidade temporal da sua lógica, não podemos esperar, com a utilização dos conceitos de terceiro tipo, resolver a aporia da *rocha da recusa da feminilidade*, postulada por Freud em *Análise terminável e interminável* (Freud, 1937): confrontada com a dupla diferença dos sexos e das gerações, a questão da identidade jamais poderá ser reduzida a uma das formas consideradas pela bruxa Metapsicologia.

Portanto, creio que a utilização dos conceitos de terceiro tipo permita, mais do que outras conceituações mais estáticas, evidenciar o *negativo* no campo da relação transfero-contratransferencial. Na medida em que, contrariamente a Ferro, não abandonei o conceito de pulsão de morte (Guignard, 1997), e considero que a clínica psicanalítica, como a história humana em geral, mostra que ela opera silenciosamente (Guignard, 2000b), poderíamos dizer subterraneamente, precisamente, onde se desenvolvem as mais belas e maiores obras da mente humana; e é o mesmo no seio de uma tarefa como uma terapia psicanalítica.

Junto aos desenvolvimentos das noções de "campo" (Baranger) e de *après-coup* (*Nachträglichkeit*) das quais afirmei (na introdução à conferência de maio de 2000 na Sociedade Psicanalítica de

Paris) que Ferro era um dos mais brilhantes representantes, graças à sua técnica interpretativa, não tenho dúvidas de que o "relato" às vezes um pouco visionário do autor permitirá a vários analistas representar a si mesmos o estado das próprias competências e dos próprios limites, na realização do trabalho constante de transformação das próprias pulsões sexuais na capacidade de pensar, no curso das múltiplas *"tranches"* de três quartos de hora que constituem o seu cotidiano há muitas décadas.

30 de setembro de 2001

Referências

Bégoin-Guignard, F. (1983), "Activité interprétative et espace psychique". In *Rev. Franç. Psychanal.*, XLVII, p. 3.

Bion, W. R. (1948-1961), *Esperienze nei gruppi*. Tr. it. Armando, Roma, 1971.

Bion, W. R. (1961), "Una teoria del pensiero". Tr. it. in *Analisi degli schizofrenici e metodo psicoanalitico*. Armando, Roma, 1988.

Bion, W. R. (1965), *Trasformazioni*. Tr. it. Armando, Roma, 1983.

Bion, W. R. (1970), *Attenzione e interpretazione*. Tr. it. Armando, Roma, 1987.

Braunschweig, D., Fain, M. (1975), *I ritmi delta vita mentale*. Tr. it. Borla, Roma, 1983.

Ferro, A. (1999), *La psicoanalisi come letteratura e terapia*. Raffaello Cortina, Milano.

Freud, S. (1895), *Progetto di una psicologia*. Tr. it. in "Opere", vol. 2, Boringhieri, Torino, 1968.

Freud, S. (1937), *Analisi terminabile e interminabile*. Tr. it. in "Opere", vol. 11, Boringhieri, Torino, 1979.

Guignard, F. (1996a), *Nel vivo dell'infantile. Riflessioni sulla situazione analitica.* Tr. it. Franco Angeli, Milano, 1999.

Guignard, F. (1996b), "Un trouble de mémoire sur la Métapsychologie". In *Rev. Franç. Psychanal.*, LX, p. 5.

Guignard, F. (1997), *Pulsioni e vicissitudini dell'oggetto.* Tr. it. Borla, Roma, 2000.

Guignard, F. (2000a), "Preface". In Ferro, A. *La psychanalyse comme oeuvre ouverte.* Erès, Ramonville Saint-Agne.

Guignard, F. (2000b), "A l'écoute du déroulement de la cure analytique. Modes et temps d'expression du transfert négatif". In *Rev. Franç. Psychanal.*, 64, 2, pp. 581-597.

Guignard, F. (2001), "Le couple mentalisation démentalisation, un concept métapsychologique de troisième type". In *Rev. Franç. Psychosomat.*, 20, p. 72.

Guignard, F. (2002), "Les concepts métapsychologiques de troisième type". In *"Construire, interpréter". L'invention de la psychanalyse.* Dunod, Paris.

Klein, M. (1946), *Note su alcuni meccanismi schizoidi.* Tr. it. in "Scritti", Boringhieri, Torino, 1978.

Introdução

Stefano Bolognini[1]

Creio que a melhor maneira de apresentar este livro de Antonino Ferro (do meu ponto de vista, ainda mais rico em relação àqueles tão ricos e apreciados que ele nos propôs no passado) seja chamar a atenção do leitor para algumas de suas particularidades, em vez de fazer uma pré-descrição sistemática.

Ferro é um autor muitíssimo conhecido, na Itália e no exterior, para se propor novamente um perfil científico: inclusive, ele mesmo, nos Capítulos 5 e 6, exprime toda a sua gratidão a Wilfred Bion, fundamental autor de referência, cujas concepções teóricas constituíram a base para as suas sucessivas e originais explorações.

Da mesma maneira, são claros e explícitos o reconhecimento em relação aos Baranger e o sentimento de proximidade com Winnicott, do qual são captadas, em uma passagem comparativa (Capítulo 6), consonâncias substanciais com o autor de base.

---

1 Membro efetivo e analista didata da Sociedade Psicanalítica Italiana.

Mas Ferro não é um "bioniano", intérprete do regulamento: o que o caracteriza, e que, do meu ponto de vista, o torna único no panorama psicanalítico contemporâneo, é sua extraordinária vitalidade criativa teórico-clínica, associada a uma feliz veia comunicativa que coloca o leitor na condição de "tomada direta" com o relato da sessão.

Ferro conceitualiza de forma muito clara, com rigor, com amplidão de associações, em pouco espaço e sem delongas acadêmicas: graças a essas suas características, nunca é cansativo ou prolixo, mas imaginativo e dotado de um talento natural para a metáfora, como um verdadeiro narrador.

Assim, são revisitados, de forma bem concatenada e sem esforço para o leitor, numerosos conceitos teóricos de notável importância: a transformação de continente fragmentado em conteúdo invasivo, a explosão do continente e o "conteúdo-killer", o cimento excessivo do continente, a aproximação precoce da cisão, a função de modulação do campo, o derivado narrativo, as funções oníricas da vigília, o "personagem-holograma afetivo da sessão", a *rêverie* invertida do analista, e assim por diante, sempre com o conforto bem integrado do material clínico, utilizado ". . . não para 'demonstrar' algo, mas como um meio para contar e compartilhar a teorização subjacente . . .".

E é aí, na exposição do material clínico, que Ferro mostra sua extraordinária capacidade de intuição e associação, de eficácia narrativa e de síntese semântica (percebam: nas sequências clínicas, o núcleo fantasmático é expandido e tornado visível com poucas, magistrais pinceladas); aprecia-se, pagina após pagina, a oscilação ágil e atenta entre diferentes vértices de observação, a proximidade com a vivência do paciente e, ao mesmo tempo, a constante monitoração do funcionamento do analista no trabalho da dupla.

O efeito das intervenções do analista sobre a vivência e sobre as sucessivas fantasmatizações e comunicações do paciente está no centro de muitas observações de Ferro, e gosto de pensar, em relação a isso, que aos mestres por ele citados podemos acrescentar o último Rosenfeld, aquele de *Comunicação e interpretação,* com o qual me parece que ele está em uma feliz continuidade justamente por este aspecto específico investido da máxima atenção.

Dispor de um esquema conceitual "forte" pode levar – nós, analistas, sabemos muito bem disso – à tentação de intervenções "saturantes", de uma liturgia interpretativa pré-formada (as "interpretações de rotina" de Meltzer), de uma ordem de trabalho "*comme il faut*",[2] que, na maioria das vezes, nada mais é que uma defesa do analista: assustado pelo desconhecido, intolerante à suspensão e propenso, em certos casos, a adotar uma atitude em vez de colocar em campo a "capacidade negativa", a tolerância temporária ao não saber e ao não compreender.

Ferro é muito atento a tudo isso e nos oferece repetidas provas disso na segunda parte do livro, quando aborda os temas da autoanálise, das "bolsas autísticas" do analista, e da influência da vida pessoal do analista no resultado positivo ou não do seu trabalho na sessão, em uma alternância de equilíbrios externos e internos em contínua mudança; e, no fundo, da humilde constatação do fato de que o instrumento-analista é bastante delicado, e necessita, ele também, de cuidados e atenção constante, justamente em chave autoanalítica.

Pessoalmente, apreciei muitíssimo a visão "ampla" de Ferro, que, mesmo com base num esquema teórico preciso e bastante caracterizado, desenvolve uma concepção complexa do trabalho analítico; e me sinto em uma boa consonância com ele, por exemplo,

---

2 "Como deve ser" [N.T.].

quando estende o conceito de interpretação a ". . . qualquer intervenção linguística ou não, que seja capaz de gerar transformações"; ou quando afirma que ". . . por longos períodos ou em momentos particulares da análise, partilhar a vivência é mais importante que a elucidação/decodificação do conteúdo. É a capacidade de uníssono, ligada às capacidades negativas do analista, que permite o desenvolvimento de ♀".

Que fique claro: não é que Ferro diminua o valor, o significado e a função da interpretação, que, aliás, floresce de forma rica e frequente ao longo da sua convivência mental com os pacientes, produzindo evidentes e insubstituíveis benefícios.

O ponto é que a interpretação não é idealizada nem apresentada como *"beau geste"* solitário, memorável e fim a si mesmo, para celebrar o talento absoluto do terapeuta, mas é vista como um instrumento de alta especificidade, cujo efeito se consolida por meio de uma aplicação repetida, que vai se tornando familiar, passível de ser introjetada e, com o tempo, fundante e constitutiva justamente porque frequentada junto de forma assimilável.

É como dizer que uma criança não pode ser alimentada pela mãe uma vez por mês, seja com um magistral faisão do tipo S. Uberto[3] ou com um surpreendente "almoço de Babete": as crianças precisam ser criadas e nutridas com solicitude cotidiana, e é assim que elas aprendem a cuidar de si mesmas hoje e que saberão cuidar de seus filhos no futuro.

A propósito de nutrição: o desenvolvimento progressivo da capacidade de avaliar o que é útil para o paciente e para a análise, distinguindo aquilo que está sendo compreendido e elaborado daquilo que é oportuno comunicar no momento, é bem representado na deliciosa metáfora da "zona cozinha" e da "zona restaurante":

---

3 Sant'Uberto: empresa agrícola de carnes nobres na região de Bolonha [N.T.].

nesta última, o analista servirá ao paciente algo com condições de transformar, escolhendo o momento mais adequado para fazê-lo trabalhar de forma "imagino-poética" e para promover sua potencialidade de simbolização em desenvolvimento.

Mas estas são apenas sugestões, antecipações, degustações que eu, por minha vez, estou lhes oferecendo (isso para ficar na metáfora) como aperitivo: "petiscos" que não fazem justiça ao original, tão rico e profundo, que vocês conhecerão nas páginas que seguem e para o qual espero ter despertado a sua curiosidade.

Fatores de doença, fatores de cura é um texto de grande coerência conceitual, tornado vivo pela referência contínua a uma clínica vivida "a partir de dentro", isto é, em constante contato com a vivência e com os eventos fantasmáticos em formação da dupla analítica e aquecido pela humanidade de base do seu autor, que se percebe cada vez mais, do início ao fim da obra.

No fundo, após ter seguido o autor em seu itinerário explorador nos territórios da análise, o leitor que tenha, pelo menos em parte, assimilado os métodos de conhecimento não poderá deixar de ir um pouco à imaginação: assim poderá acontecer, ao compor um hipotético retrato do seu interlocutor no livro, de se representar Antonino Ferro como um analista altamente sensível, vital, criativo e apaixonado pelo seu trabalho.

Bem, se foi assim que vocês o imaginaram, saibam que o vosso pré-consciente acertou, e que a alta qualidade do texto com o qual vocês estão dialogando intimamente não nasce de um exercício intelectual, mas é o espelho fiel de uma forma de ser.

1. Fatores de doença e defesas

Para chegarmos à questão dos fatores terapêuticos em psicanálise, creio que seja útil nos colocarmos, em primeiro lugar, a questão dos fatores de doença e das defesas às quais se recorre.

Com Bion (1962, 1963, 1965), podemos pensar que toda mente, ao nascer, necessita de outra mente para poder se desenvolver. Esse desenvolvimento se dá por meio de um jogo de projeções e introjeções. Angústias e sensorialidades primitivas são evacuadas na mente da mãe (identificação projetiva) e, depois de "tratadas e bonificadas" pela função α materna, são devolvidas à criança transformadas em elementos figuráveis (elementos α) junto com o método para tratá-las (função α).

A projeção primitiva da criança, de angústias e sensorialidades evacuadas, necessita de um acolhimento, de uma transformação, de uma restituição que contenha também as "instruções" para o desenvolvimento desse "fator desconhecido", que é capaz de transformar elementos β em α.

Quando esse processo acontece de forma suficientemente normal, essa função α se torna cada vez mais operante na mente da criança.

Desse momento em diante, e sempre mais nas situações de "não emergência", o sistema funciona assim: protoemoções, protossensorialidade – em uma palavra, os elementos β são transformados pela função α da criança em elementos a graças ao bom funcionamento dessa incógnita (função α) introjetada.

O elemento α é o elemento protovisual (ou protoacústico etc.) do pensamento que indica que houve uma transformação daquilo que pressionava como β em um *pictograma visual* (Rocha Barros, 2000). Assim, uma vivência primordial de raiva e de vingança poderia encontrar sua primeira pictografia em uma "piscina cheia de sangue".

Elementos α são formados continuamente e constituem os tijolinhos do pensamento onírico de vigília, isto é, da matriz protovisual que continuamente "filma" sensações, sensorialidades, tornando-as imagens não diretamente conhecíveis.

Esse "filme protovisual" (sequência de elementos α), produto da função α, necessita de outras operações para chegar à condição de pensamento e de imagem narrativa e, portanto, de discurso interno ou compartilhável.

Os "derivados narrativos" (Ferro, 1998a, 1998b, 1999c, 1999d, 2000e, 2001b) de tal pensamento onírico da vigília funcionam como "*carriers*" em direção ao conhecível, graças às operações de tessitura narrativa que têm a ver com o desenvolvimento de ♀ e de ♂, num arco de possibilidades que vai desde os filamentos narrativos (PS) até as tramas definitivas (D) e ao jogo entre "capacidade negativa" e "fato selecionado".

Esse segundo nível implica um desenvolvimento suficiente (sempre sucessivo a uma relação suficientemente boa) de qualidades mentais mais elaboradas, como o desenvolvimento de ♀, por meio de repetidas experiências de microestar em uníssono, de ♂, que tem a possibilidade de existir se encontra um ♀ elástico e disponível; e ainda o desenvolvimento das "capacidades negativas" e de contenção em relação a PS (que passam pela experiência das emoções presentes na mente do outro) e do "fato selecionado" e de D, isto é, da capacidade de luto sempre operada pelo encontro com a capacidade de luto (presença do terceiro) na mente do outro.

Com base nesse esquema simplificado, não é difícil distinguir dois locais de patologia:

- patologia severa em virtude de carência de função α;
- patologia em virtude de um desenvolvimento não adequado de ♀♂, PS↔D, CN↔FS.[1]

Em todas as patologias do tipo (a) existe uma deficiência originária da formação do pictograma visual até a ausência da formação da própria "mente". Para ilustrar, é como se faltasse a "película" e, consequentemente, faltassem os fotogramas de base para o filme.

Nas patologias de tipo (b), temos a formação de elementos α, mas são defeituosos os aparelhos com os quais trabalhar esses elementos.

A película fica impressa, mas falta a revelação (carência de "derivados narrativos") ou falta a função de direção sobre os inúmeros fotogramas formados, o trabalho de PS↔D, o lugar onde guardar a película revelada (carência de ♀♂) etc.

---

1 Os símbolos significam respectivamente: continente/contido, posição esquizoparanoide/posição depressiva, capacidade negativa/fato selecionado.

Mas há uma outra possibilidade além das patologias de tipo (a) e de tipo (b), aquela em que há uma quantidade de estimulação sensorial que supera a capacidade da função α de formar elementos α: são as situações "traumáticas", no sentido de estarmos na presença de mais estimulações (elementos β) do que podem ser transformadas em α e tornadas pensáveis.

Portanto, patologias do tipo (c) derivam de um acúmulo, de um trauma, onde é traumática qualquer situação que determine mais elementos β do que podem ser transformados em α, e depois tratados e tecidos em emoções e em pensamentos.

Naturalmente, existem infinitas combinações entre (a), (b) e (c).

Quando há um excesso de elementos β em relação a quantos podem ser metabolizados, os vários mecanismos de defesa intervêm para fazer frente a eles. (É inútil dizer que não é fácil estabelecer quantos elementos β são excessivos ou quão carentes são as funções α, ou PS↔D, ♀♂, CN↔FS.)

O primeiro mecanismo de defesa é a própria formação dos *fatos não digeridos* (elementos β, parcialmente tratados, são conservados em blocos) aguardando que uma função α possa ser fator de transformação: são os que eu chamei de elementos "balfa", isto é, fatores de transferência (Ferro, 1996a, 1999a). Os outros mecanismos de defesa são os conhecidos, por exemplo:

- a cisão (a cota não tratável de β é cindida e projetada para fora);
- a recusa;
- a negação;
- os distúrbios psicossomáticos;
- as alucinações;

- as atuações caractereopáticas;
- as perversões;
- o desmoronamento da mente;
- o narcisismo.

Por questão de comodidade, tratarei conjuntamente dos mecanismos de defesa e de seus resultados sintomáticos. Naturalmente, poderiam ser classificados por gravidade, precocidade de surgimento e facilidade de transformação.

Consideremos, por exemplo, o "narcisismo": é um mecanismo de defesa bem-sucedido e que opera quando não há o "lugar" para tecer e elaborar estados protoemocionais: estes são cindidos, projetados, colocados nos outros, tratados seu malgrado como funções α subsidiárias. O núcleo duro do "narcisismo" coincide com um aglomerado de elementos balfa compactados.

O significado comum a todas as defesas é, como eu dizia, o de permitir uma gestão, em situações normais ou de falência, das cotas excedentes de elementos β. Uma pequena observação refere-se à consideração de que, como espécie, vivemos em constante excesso de elementos β, e que, mesmo socialmente, são elaboradas estratégias para evacuar, cindir, hipercontrolar, fobicizar aquelas cotas de protoemoções e de protossensorialidade que não somos capazes de transformar em "poesia da mente", isto é, em pensamentos, emoções e afetos. As guerras, a dominação e o racismo são alguns desses mecanismos, que, de qualquer forma, do meu ponto de vista, não cabem ao analista indagar. Para que possa existir o específico "analista", é necessário que haja o específico "paciente" e o específico "*setting*": sem um desses elementos, também os outros dois não existem.

Naturalmente, todos nós utilizamos continuamente o conjunto dos mecanismos de defesa, e eles se tornam patológicos quando "ocupam de forma estável" o lugar de um funcionamento mental flexível.

Se, a partir de um certo ponto de vista, eles são fonte de patologia (também gravíssima), de outro são sempre uma solução bem-sucedida em relação a catástrofes mentais ainda mais graves, com o alagamento ou a disfunção total da mente ou também das próprias potencialidades do mental.

Neste ponto, o discurso sobre fatores terapêuticos é simplesmente o "positivo reparador" do negativo do qual falei e que podemos repensar em relação aos pontos (a), (b), e (c) considerando que cada paciente habitualmente é uma quimera de (a), (b), ou (c).

Da mesma forma, portanto, existem tratamentos analíticos do tipo (c) com pacientes com função α íntegra e aparelho para pensar os pensamentos íntegro, com excesso de "fatos não digeridos" geradores de transferência e de identificações projetivas, aguardando que o analista colabore com o trabalho de significação e ressignificação. São esses pacientes que se encaixam na estreita categoria dos pacientes analisáveis segundo os critérios clássicos: pacientes que toleram as interpretações clássicas porque têm um lugar "onde" colocá-las e sabem "como" elaborá-las, resultando enriquecidos.

Existem tratamentos analíticos do tipo (b) nos quais, antes de trabalhar sobre os conteúdos não digeridos, é necessário trabalhar sobre funções mentais carentes: carência de ♀, carência nas oscilações PS↔D etc. São patologias *borderline*, narcisísticas, nas quais há uma função α adequada, mas com produtos que depois não podem ser administrados. A interpretação clássica frequentemente gera mais perseguição que crescimento, falta o lugar na qual colocá-la e a "forma" de utilizá-la.

Depois, existem os tratamentos analíticos de tipo (a): trata-se daquelas análises de investigação nas quais há uma deficiência significativa da função α, nas quais é preciso "refazer" (neste caso, fazer pela primeira vez) aquele trabalho β→α (por meio da transformação dos elementos β em elementos α) que permita a formação dos elementos α e a introjeção do método para fazê-lo.

As interpretações clássicas ou as interpretações elaboradas são, nesses casos, somente ulteriores estímulos de sensorialidade que causam evacuação, como diz o próprio Bion quando afirma que também os "pensamentos" podem ser evacuados como elementos β caso falte uma capacidade receptiva (Bion, 1962).

Por exemplo, para uma criança autística, teria mais sentido uma elaboração, pictograma por pictograma, do que uma complicada e elaborada interpretação exaustiva, que somente representaria a evacuação da verdade do analista na ausência de um receptor.

Nos próximos capítulos, tentarei tornar mais claro, de um ponto de vista técnico, como operar nos níveis (a), (b) e (c).

Uma consideração à parte refere-se ao chamado "instinto de morte", que eu consideraria existente, mas mais no sentido de uma herança transgeracional de acúmulo de elementos β que não puderam ser transformados e elaborados.

Em outras palavras, não creio que exista um instinto de morte como tal, mas cotas transgeracionais de elementos β que excedem a capacidade atual da nossa espécie de elaborá-las. Quando as coisas funcionam bem, chamamos esse acúmulo de parte psicótica da personalidade, que compartilhamos, cada um de nós, com todo o gênero humano; se não, o denominamos destrutividade ou instinto de morte: sendo que – a meu ver – é somente o resíduo do que foi possível elaborar no pensamento, mas apenas por uma questão quantitativa: a nossa capacidade de mentalizar ainda é inferior em relação às necessidades, e o que "sobra" permanece ativo, pressiona e frequentemente nos conduz a ações de violência ou doenças psicossomáticas ou psíquicas.

Outro conceito a ser reconsiderado para estarmos "em uníssono" com o paciente é o da "onipotência", com a qual se faz, por exemplo, um controle, ou uma tentativa de controle absoluto sobre o objeto; eu sublinharia "a necessidade" do paciente de um tal estilo de relação que encontra dois motivos principais de ser:

a) as situações nas quais o controle total sobre o mundo e as relações serve para reduzir ao mínimo as afluências sensoriais e protoemocionais diante de uma função α deficiente (é o caso do "controle" de tipo autístico): isto é, o controle serve para evitar o surgimento de estados protoemocionais (precursores de emoções) que não seriam administráveis (como alguém que, caminhando sobre um fio muito fino, tivesse que evitar qualquer pequeno sopro de vento, pois poderia lhe ser fatal);

b) situações nas quais, por trás do ciúme, da necessidade de posse, há uma espécie de "síndrome do náufrago": ou seja, em virtude de falências relacionais precoces, há uma forte necessidade do objeto, exatamente como um náufrago que, não sabendo nadar, necessita da boia à qual ficar agarrado.

Numa situação do primeiro tipo, teríamos um paciente que não tolera a menor mudança, que mantém todo o ambiente, também o inanimado, "sob controle" e tiraniza todos para que não haja mudanças, que seriam fonte de protoestímulos que não saberia como administrar.

Numa situação do segundo tipo, teríamos um paciente que realiza um controle possessivo e ciumento pela angústia de "desabar", de afogar, caso não esteja "agarrado" ao objeto. "Sou eu quem faz o controle de voo", dizia um desses pacientes, "e corto as pernas de quem queira se afastar de mim".

Também em relação ao conceito de "frustração" há algo a ser esclarecido. Podemos tomar como exemplo o "não": o problema não é tanto o luto que ele comporta, o problema central é que a "frustração" representa uma mudança do estado de mente, com um despertar de sensorialidade *versus* as protoemoções; se não há uma função α suficiente, então cria-se mais turbulência do que pode ser administrada, e essa turbulência que não pode ser pictografada em elementos α torna-se fonte de mal-estar, que pode ser aliviado ou com a evacuação ou, no melhor dos casos, com sucessivas "ruminações mentais".

Também em relação à "violência contra a si mesmo" eu usaria o critério de considerar as defesas, de qualquer forma, como o menor dos males. Penso na lagartixa que "desprende" o rabo, ficando mutilada, mas salvando a maior parte de si. A cisão, por exemplo, é uma violência contra si mesmo, mas, frequentemente, cindir partes que não sabemos como administrar é a única forma para sobreviver, e, se isso vale para mutilações de partes do *self*, creio que da mesma forma valha – na ausência de uma adequada capacidade de mentalização – para muitas formas de automutilação e de autoprejuízo.

Basta pensar na anorexia, na qual emoções de uma violência impossível de ser contida são cindidas e "mantidas à míngua" como a única forma possível de administração para salvar o que for possível.

Esse elogio das defesas está direcionado, naturalmente, à compreensão da sua profunda razão de ser. É inútil dizer que é daí que temos que partir para encontrar outras estratégias para salvar a mente, menos prejudiciais para o *self*, o mundo interno e o corpo.

48   FATORES DE DOENÇA E DEFESAS

Frequentemente, a gênese do sofrimento psíquico deriva do trauma da disponibilidade/indisponibilidade, ou melhor, do gradiente de disponibilidade na mente do outro, junto com o tipo e a qualidade de emoções presentes, dos quais está impregnada – diria Bion – a mente do outro.

Se a mente do analista está tomada por emoções "outras" em relação àquelas que o paciente espera (em sua preconcepção), então esse encontro, no qual falta a "realização", torna-se traumático, ainda que não haja indisponibilidade ou recusa, mas uma simples falta de "engate" entre a preconcepção (a expectativa) e o que acontece (a realização).

Em seguida a uma dessas situações, descrita por um paciente como "falta de interação" e "falta de resposta" (isto é, a mente do outro, nesse nível, deveria – pelo menos na maior parte das vezes – "responder", e responder em coerência com as expectativas), ele tem um sonho no qual, enquanto percorre o caminho que fazia quando criança, vê que há um alagamento, águas que sobem, embora não tão ameaçadoras a ponto de arrastá-lo: talvez geleiras estejam derretendo. Ele está com os filhos, que protege, mas chega um bando de caractereopáticos – ainda que não particularmente perigosos – que os sequestram, depois parece que há um final feliz.

A falta de resposta, o fato de não encontrar o "engate", é uma ferida, mas pode ser também uma frustração capaz de dissolver algo que tenha ficado congelado e não narrável. Também é verdade que a ferida é tampada pelo queloide caractereopático.

Considero como queloides também as situações de erotização, de excitação, de narcisismo e assim por diante.

Um paciente, Luigi, quando consegue retomar contato com o "próprio sentimento originário de vazio e solidão", pode renunciar àquelas "rolhas exuberantes" que tinham servido para tampar o tal "buraco" de fundo, permitindo-lhe viver. Essas rolhas exuberantes tinham sido agudezas de caráter, um certo narcisismo, uma tendência à sedução. Encontrada a "falha", a análise pode reparar essa ferida antiga, que precisou ser proposta novamente na transferência, permitindo sucessivamente o fim daquelas estratégias defensivas, até então necessárias e vitais.

Na maioria das vezes, o trauma do qual se ocupa a psicanálise é esse microtraumatismo (frequentemente repetido) da falta de correspondência entre expectativa e realização; a situação analítica permite repropor tal situação na presença de alguém com quem "ver" e "reparar" o estrago originário. Estrago originário que pode, também, ter prejudicado o desenvolvimento dos instrumentos do pensar ou até dos instrumentos para formar as subunidades visuais do próprio pensamento.

Naturalmente, coloca-se de maneira forte o problema dos modelos psicanalíticos e o problema da teoria e da técnica que deles resulta.

Um paciente com o qual foi combinada uma mudança de *setting*, em consequência da qual se perdeu também a continuidade dos encontros, inicia a sessão contando ter dado socos num sujeito que queria roubar seu carro. Trata-se de um paciente grave, caractereopático, que tende à evacuação.

Como se posicionar diante dessa comunicação? Poderia ser entendida como a cena manifesta de uma ambivalência edípica e interpretada nesse sentido; poderia ser considerada a repetição de algo que não pode ser lembrado e teriam que ser superadas resistências e defesas do paciente, tentando tirar aquele véu de remoção que impede o aflorar da lembrança traumática.

Poderíamos – em uma outra ótica – pensar que o sentido da análise é o de tornar conscientes as fantasias inconscientes que pressionam, e que o fato de torná-las conscientes as "desintoxica", e poderia então ser interpretada a "raiva" dirigida ao analista que lhe tirou algo que era importante para ele.

Ou ainda, privilegiando a atenção ao funcionamento mental do paciente e o favorecer sua capacidade de pensar (desenvolvimento de ♀), poderíamos captar a emoção presente "de ter vivido uma afronta e de isso ter ativado mais emoções do que as que ele poderia administrar"; reconhecer, portanto, o acontecimento traumático, as emoções que ele gerou, a difícil metabolização delas, ficando no "texto manifesto do paciente" que ele sentirá o próprio ponto de vista sendo compartilhado e sentirá um analista que o alivia em vez de um analista que o torna mais pesado com "verdades" sobre ele. Naturalmente, o analista terá em mente o quanto a intolerância a qualquer mudança pode ser indicativa de uma inadequação da função α e de ♀♂ para metabolizar e administrar as protoemoções que toda mudança comporta. Nesta ótica, mais que sobre os conteúdos históricos ou fantasmáticos, a atenção é colocada sobre como desenvolver a capacidade de transformação/continência do paciente por meio da experiência de microestar em uníssono.

Se uma paciente dissesse: "com o dinheiro que lhe dou, o senhor compra vestidos de grife para sua esposa", poderiam ser diversas as interpretações: um cenário edípico com exclusão e raiva, um cenário fantasmático no qual domina a inveja em relação ao casal parental ou, mais "simplesmente", a comunicação da paciente ao próprio analista de que sente receber dele "belas interpretações grifadas" para as próprias partes adultas, capazes de se acasalar de forma adulta com o analista, mas de que existe uma parte de si que permanece excluída, estranha e que não se sente ainda "acolhida".

Da mesma forma, se uma paciente na sessão de segunda-feira dissesse: "Mas nos vimos na sexta-feira?", poderíamos invocar uma desvalorização em relação ao analista, uma "evanescência" do objeto interno, ou então uma sinalização a ser considerada como preciosa indicação de que na sexta-feira "não nos vimos", isto é, de que faltou o encontro.

É verdade que, se partimos do significado relacional e atual mais significativo ("há uma parte minha que sente não receber nada de você", "sexta-feira você não soube me 'ver', não soube fazer com que houvesse um encontro"), em seguida isso deverá se enganchar com as fantasmatizações e com a história do paciente. Mas serão fantasmatizações que, "tratadas e metabolizadas" no aqui e agora, sofrerão transformações que irão – em *après-coup* – habitar o mundo interno e a história de uma forma nova.

Em uma ótica de campo, temos de nos haver com aquilo que acontece na sessão: com narrações, narremas, protoemoções, sensorialidade e com os instrumentos para elaborar e administrar tudo isso. O objetivo da análise é desenvolver no paciente as "potencialidades" da mente inscritas como preconcepções da espécie, mas que necessitam da adequada "realização" pelo encontro com a mente do outro.

O ponto central torna-se "como funciona/não funciona a mente do paciente", como "funciona/não funciona a mente do analista", como funciona/não funciona a relação cujo encontro das duas mentes inicia de forma a permitir o desenvolvimento (do paciente e do analista) ou de forma a produzir involução (do paciente e do analista).

Uma vez que esteja desenvolvida a capacidade de formar pictogramas (imagens visuais) e de tecê-los em subunidades narrativas por meio dos derivados destes, então poderemos nos dedicar aos conteúdos; mas isso, na maioria das vezes, deve somente ser encaminhado pela análise, depois o paciente continuará o trabalho por conta própria. É como se tivéssemos o problema de lavar a roupa: é fundamental que haja energia elétrica (função α), é necessário que a máquina de lavar roupa esteja funcionando (aparato para pensar os pensamentos); o resto pode ser feito também sem o técnico da máquina de lavar roupa e sem o eletricista.

O mesmo vale para a atualidade da relação: se levássemos ao técnico uma máquina fotográfica que tira fotografias feias, seria irrelevante trabalhar sobre as fotografias feias ou buscar pessoas e paisagens fotografadas para inferir o grau de distorção. Seria mais sensato – e cada um de nós o esperaria – consertar o mecanismo da própria máquina fotográfica.

Lembro que um paciente, depois de muitos anos de análise sem que o tema jamais tivesse sido tratado, de repente se "lembrou" da vivência que tivera quando criança: de morar em uma cidade na qual os prédios eram como aqueles frequentemente presentes nos estúdios cinematográficos, somente fachadas, sem espessura, sem tridimensionalidade. E de ter dado por certa essa forma de sentir e viver até sua última viagem à sua cidade de origem, na qual, pela primeira vez e com espanto, havia notado a existência de espaços tridimensionais.

Inútil acrescentar como isso, de um lado, me fez pensar em uma espécie de saída da "Planolândia", do belo conto de Edwin Abbot sobre um mundo em duas dimensões, e, de outro – para as intensas emoções que conseguiu viver sem mais atolá-las em atuações caractereopáticas ou em comportamentos ausentes de espessura emocional (horas e horas no computador) –, em uma espécie de saída de seu *Show de Truman* pessoal.

Merece uma reflexão o funcionamento mental do analista em relação a todas as operações "não interpretativas" que ele realiza: a interpretação, saturada ou insaturada, é o último ato de uma série de processos transformadores e de investigação de sentido. Nos grupos de supervisão de casos clínicos, percebo-me cada vez mais subvertendo a ideia "Reflita antes de falar" em "Fale antes de refletir", pois isso permite entrar em contato com o funcionamento onírico da mente, que é capaz de criar muitos mais nexos e sentidos do que qualquer "reflexão". No fundo, nos é pedido encontrar um sentido novo, original, a "fatos" por si só mudos.

Uma menina é trazida para a consulta porque há anos tem dores fortíssimas em uma perna, que inclusive a impedem de dormir, e frequentemente grita de dor. Já foi excluído qualquer tipo de causa orgânica. A mãe relata o quanto, frequentemente, ela mesma se irrita e fala palavrões à menina. Depois, conta ter sérios problemas nos dentes, que foram arrancados, e é impossível fazer qualquer aparelho, pois ela os range sempre, até quebrá-los, toda vez que lhe são implantados. A menina também tem medo de tudo aquilo que estoura: balões, rojões; a mãe acrescenta depois que, algumas vezes, está tão exasperada que tem vontade de matar os filhos. Conta que, frequentemente, a menina faz uma brincadeira na qual um pintinho fica sem a mãe porque, no momento no qual a galinha está com o galo para formar uma família, chega um "malvado" que mata a galinha. Conta depois de sua triste experiência quando criança com uma mãe sempre deprimida que nunca lhe dedicava tempo.

É imediata a ligação que se forma em minha mente: a mãe, sem sabê-lo, é habitada por um "*pit bull*" que morde continuamente "a perna da filha", que grita de dor. Para mim, é uma imagem quase de filme: vejo a cena também em outros tempos, a perna que sangra e o *pit bull* que morde. Portanto, é a história de uma menina ferida e dolorida porque há uma mãe com a mente ocupada pelo *pit bull* e que, portanto, não tem espaço para a menina. Aliás, a menina é um peso, a mãe queria que ela estivesse morta. Mas esta é a história também da própria infância da mãe: é um *pit bull* "transgeracional" que está dentro, aquele herdado no contato com a mãe deprimida (Faimberg, 1988; Kaes et al., 1993).

Tudo isso, naturalmente, não pode ser explicitado assim diretamente, mas é uma hipótese de sentido que organiza o campo.

A função α do analista formou imagens, "o aparelho para pensar os pensamentos" teceu uma narração possível (fruto de uma *rêverie*), e aquilo que parecia sem sentido começa a adquirir uma sua possível organização.

Está implícito que este trabalho na "cozinha analítica" encontrará depois uma forma, se for confirmado, de ser servido, nos modos e tempos devidos, também no "restaurante analítico".

Neste ponto, merece algumas reflexões um tema que se tornou cada vez mais significativo: aquele do analista como pessoa. É um tema que encontra uma quase completa solução nos trabalhos de Willy e Madeleine Baranger a partir de seu célebre artigo de 1961-62. Em uma ótica de campo – e já nas formulações certamente não tão sofisticadas como as de hoje –, a presença da constelação das angústias/defesas do analista "coestrutura" o campo com o paciente. Remeto, além dos trabalhos dos Baranger (Baranger, M., Baranger, W., 1961-62, 1964, 1969) também aos recentes trabalhos publicados na Argentina (Kancyper, 1990, 1997), e aos meus trabalhos anteriores sobre o assunto (Ferro, 1992a, 1992b, 1993b, 1994b, 1994c, 1994d, 1996e, 2000b).

O que gostaria de focalizar aqui é como entra em jogo o funcionamento mental do analista dia após dia: a maneira como o analista funciona na sessão, com maior ou menor receptividade, com maior ou menor *rêverie*, com maior ou menor competência narrativa, codetermina de fato a própria sessão.

E se, de um certo ponto de vista, o "não funcionamento" mental do analista é um fato doloroso para o paciente, de outro, é uma preciosa e inextinguível fonte de informações sobre modalidades de acasalamento entre as mentes e sobre como tudo isso é constantemente narrado pelo paciente. Em um momento meu de turbilhão emocional com uma paciente, mais que me colocar no eixo habitual de escuta receptivo, encontro-me interpretando como um rio na cheia. Na sessão seguinte, a paciente não aparece, contando depois que, por causa do alagamento do Ticino, muitas ruas não estavam transitáveis e considerou mais sábio ficar em casa até que o alagamento tivesse passado. Conta também querer fazer um curso de *tai chi chuan*. Há melhor maneira de dizer ao próprio analista "Cale-se!" do que faltando às sessões e ainda por cima com um jogo de palavras entre *tai chi* (prática de relaxamento) e "cale--se" (em italiano, "*taci*")?

No mesmo período, outro paciente sonha com um homem que se torna cada vez mais magro e seco e com um açougueiro que dá facadas em certas vacas que gritam de dor... Ele associa aos sonhos (ou melhor, interpreta os sonhos) o fato de que, nos últimos dias, eu lhe tinha parecido mais enxuto e "*tranchant*" (cortante) do que de costume, e que isso o tinha feito sofrer muito. Consigo depois, com uma palavra jocosa, entrar novamente em contato com a origem do "meu turbilhão" e, dessa forma – sem nenhuma *self--disclosure* de minha parte –, encontrar um bom eixo mental. Mas isso quer dizer que o eixo mental do analista deveria ser sempre e somente estável? Com certeza não.

E isso, então, quer dizer que podemos/devemos nos fazer tratar pelos nossos pacientes? Com certeza não.

Significa estarmos conscientes de que a nossa mente é uma variável do campo e de que o paciente – mais uma vez nosso melhor colega – pode nos ajudar – na maioria das vezes sem sabê-lo – sinalizando um desvio, um mal-estar pelo qual não podemos ser responsáveis; o que significa trabalhar com nós mesmos para encontrar, o mais cedo possível, o nosso eixo habitual.

Por meio do trabalho de supervisão, estou cada vez mais convencido de que, quanto mais um analista é habitado por um ideal do ego (Widlocher, 1978), ou melhor, um superego analítico, muito exigente, tanto menos consegue se colocar a serviço do paciente, tolerando suas defesas, suas capacidades de assimilação e captando as sinalizações, mas se coloca como um "cruzado" da suposta verdade da qual é detentor, ungido por esta ou aquela teorização psicanalítica, frequentemente muito ortodoxa, com a qual se acasala em uma espécie de cena primária orgiástica e complacente: o paciente – se não entra no jogo – é um paciente que se defende, que resiste, que ataca, que é invejoso, que não é idôneo para a análise.

É frequente que jovens analistas, e também não tão jovens, sejam habitados por esse furor sagrado, e que muito trabalho precise ser feito para trazê-los de volta a uma escuta modesta, atenta, respeitosa, "sem memória e desejo", daquilo que o paciente propõe, e sobretudo sem o temor de que a criatividade, que as vezes é necessária, seja uma heterodoxia culposa (Kernberg, 1993).

Nesse sentido, gostaria de lembrar a terapia de uma criança com síndrome de Asperger, na qual a flexibilidade, a criatividade, a coragem de um analista – nem um pouco *naif* (ingênuo) – tornam-se fatores de crescimento e de profunda transformação: foi necessário que o analista renunciasse a muitas de suas estratégias habituais de interpretação para encontrar o caminho adequado de "alcançar" aquele paciente de forma autêntica e poder lhe permitir um desenvolvimento.

Não é por acaso que são os analistas de crianças os mais capazes de "transgressões criativas", porque os pequenos pacientes (como, por outro lado, os pacientes graves) são rebeldes a qualquer tentativa de domar, e é por isso que eu recomendaria a todo analista ter pelo menos uma experiência de análise com uma criança.

A esse propósito, me parece significativo que, nos últimos anos, em todas as Sociedades de Psicanálise, tenha-se conseguido organizar a formação completa para analistas de crianças e de adolescentes.[2]

---

2 A Sociedade Psicanalítica Italiana (SPI) organiza, desde 1999, uma formação para analistas de crianças e de adolescentes reconhecida pela International Psychoanalytical Association (IPA).

2. Cultura da *rêverie* e cultura da evacuação

Lorenzo é um menino de 8 anos que come somente alimentos líquidos ou batidos. Não come nada sólido. É extremamente inibido na escola, não tem amigos. Tem outra característica peculiar: pergunta o tempo todo para a mãe o porquê de cada coisa. A mãe de Lorenzo teve dois lutos, um seguido do outro: quando o menino tinha um ano, morreu seu marido, e quando ele tinha dois anos, morreu seu pai (o avô do menino). Desde então, vive em uma situação depressiva intensa, embora tenha conseguido manter, com esforço, o seu emprego, por necessidades econômicas.

Na primeira sessão, Lorenzo faz um desenho que representa, segundo ele, uma casa isolada, tristíssima, escura e desolada, "talvez" – acrescenta – "sem portas". Depois permanece sentado, imóvel, dá a impressão ter um freio de mão puxado, de tanto que está bloqueado. Porém, quando vê a caixa lúdica, parece se animar. Pergunta se pode usar os personagens e logo se lança num jogo em que eles batem um no outro com extrema violência; o mais terrível é um personagem chamado de "cão devora tudo".

Após uma intervenção ("Mas este cachorro deve ter uma fome terrível!"), pega dois personagens e os faz representar uma mistura de luta e de acasalamento, dizendo que a mulher "não deve tirar o sutiã".

Depois, faz o desenho da Figura 2.1, no qual aparecem um dinossauro, uma ave pré-histórica, um foguete e, embaixo, um homenzinho em um barquinho.

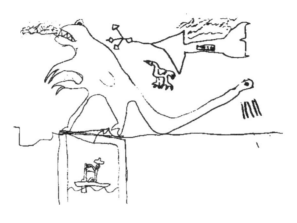

Figura 2.1

Desde o começo, creio estar claro o drama de Lorenzo: uma mãe deprimida, que é como uma casa triste, na qual talvez não haja nem a possibilidade de entrar, de encontrar a porta. Naturalmente, podemos pensar nos personagens que se batem a partir de vários pontos de vista, mas, entre todos, escolheria aquele do choque entre as necessidades protoemocionais do menino (em outros termos, as identificações projetivas destas) que colidem contra uma mente fechada, cuja disponibilidade é somente aparente, tamanha é a depressão: é como se as portas fossem *trompe l'oeil* desenhados.

Isto é, se as identificações projetivas não encontram um espaço de acolhimento e transformação e se chocam contra uma *rêverie* negativa (Ferro, 1991b, 1992b, 2000a, 2000b, 2001c; Ferro, Meregnani, 1994, 1998; Ribeiro de Moraes, 1999), retornam aumentadas: ficam no estado de emoções-dinossauro, emoções-foguete.

Basta encontrar uma mente que compreenda e acolha, ainda que num nível mínimo, para que a fome de relacionamento seja representada por aquela luta-acasalamento, relação que deve ser "protegida" porque o outro poderia ser dilacerado.

No desenho, aparece também representado o início de uma função de continência-transformação no homenzinho que guia o barco (ver Figura 2.2).

Encontrar uma mente aberta dá início à possibilidade de narrar a própria história traumática, e pode encontrar um lugar também "o cão que devora tudo" em relação ao qual a anorexia e a inibição são defesas inevitáveis, não havendo outra forma possível de lidar com tal monstro. Naturalmente, os frequentes "porquês" eram tentativas de abrir, de tornar acessível a mente da mãe.

Figura 2.2

A história continua com combates entre tribos indígenas, esquartejamentos, atrocidades de todo tipo, até a chegada de um "embaixador" que dita as regras do jogo, que se torna aos poucos o campo de um violento campeonato de rúgbi.

Gostaria agora de fazer algumas reflexões. A mente humana necessita da relação com o outro para se desenvolver. Bion descreve de forma admirável o acender inicial da mente humana, verdadeiro Big Bang do pensamento, no encontro entre a projeção de angústias primitivas (elementos β) e uma mente capaz de acolhê-las e transformá-las (*rêverie*), que "transmite", além do "produto trabalhado" (as angústias bonificadas: os elementos β transformados em elementos α), também, e eu diria especialmente, "o método para realizar tais transformações" (a função α) (Bion, 1962, 1963, 1965). Nessa conceituação, o próprio inconsciente é algo que se segue à relação com o outro-disponível.

Certa vez, uma menina em análise fez um desenho que, à parte o significado relacional do momento, penso que era uma extraordinária representação do modelo da formação do Inconsciente como eu o entendo hoje (Figura 2.3).

O céu é representado por uma série de fios retorcidos, emaranhados, que formam redemoinhos policromáticos; o mar é constituído por linhas coloridas que parecem tecidas com ordem e formam uma espécie de trama. Tudo com uma forte ideia de movimento fornecida por um barco, colocado no centro do desenho, com três pessoas dentro e que parece, ao ir de uma margem à outra do papel, tecer as turbulências da parte superior nos fios da parte inferior... e quanto mais o barco vai de um lado a outro, mais a parte de baixo parece se expandir, mas cada vez mais tem que tecer a parte de cima... em outras palavras, o que importa parece ser a capacidade de tecer dos ocupantes do barquinho... sem ponto de chegada, a não ser a expansão daquilo que pode ser tecido, do tecido em si e da capacidade de tecer, ou, sem metáforas, uma expansão do pensável, do pensado e das capacidades de pensar exatamente na direção da célebre afirmação de Bion segundo a qual a psicanálise é aquela sonda que expande o campo que indaga e, por conseguinte, penetramos mais no Inconsciente e aumenta mais o trabalho que nos espera. Parece-me estar sendo representado como a função α introjetada (fruto da relação) permite uma contínua transformação das turbulências protoemocionais em pensamentos de emoções pensáveis.

Figura 2.3

O ponto sobre o qual gostaria de refletir são as qualidades que a mente do outro precisa ter: capacidade de acolhimento, de deixar ficar, de metabolizar, de devolver o produto da elaboração e, especialmente, de "passar o método". Isso se dá pela não saturação do que é devolvido e pela permissão de ir "aprender na mente" do outro.

A primeira operação é aquela de formar um pictograma visual, obra absolutamente criativa, original e artística (o elemento α); a segunda é colocar em narração a sequência de elementos α. Funções sucessivas serão a introjeção da capacidade de tolerar a frustração, da capacidade de luto, do tempo, do limite. Tudo isso passa através do "mental" que se ativa na relação com a mãe e com o pai; acredito que a *rêverie* possa ser em igual medida materna e paterna (Ferro, 1992b). Creio que o grande problema "cultural" seja que respeito, que espaço, que tempo são hoje dedicados a essas operações que têm a ver com o desenvolvimento da mente a partir do "mental disponível do outro" (Guignard, 1996).

Em relação às outras espécies, que possuem uma série de comportamentos instintivos, em sua maior parte programados, nós, como espécie, temos um drama: aquele de ter uma mente, uma mente que se desenvolve por meio de cuidados prolongados. Se "o processo de desenvolvimento da mente falha", então temos uma série de patologias que vão desde as alucinações até as doenças psicossomáticas, os comportamentos caractereopáticos e criminosos, todos formas de evacuação e de descarga de angústias primitivas não elaboradas.

Portanto, o meu ponto de vista é o de considerar que não é a "mente" que governa os instintos, e que, então, a especificidade do homem não é uma racionalidade que pode governar o mundo das pulsões, mas exatamente o contrário: o problema do homem é ter uma mente com suas peculiaridades. É a existência de uma mente que não pode se desenvolver que cria condutas antisociais, violentas... a violência não está no instinto... é uma mente que sofre que atrapalha o comportamento harmoniosamente funcionante do animal-homem: se o homem não tivesse a mente, ele seria um primata funcionante. O problema do homem é a mente e a sua condição rudimentar, e especialmente o fato de que a mente, para se desenvolver adequadamente, necessita de anos de cuidados. Uma mente que não funciona leva à violência, à destrutividade como única forma de evacuar elementos β (Ferro, 1993a, 1996b, 2001a).

Uma mente que funciona é uma mente que continuamente cria imagens (elementos α) a partir das protoemoções e protossensações que metaboliza e que transforma em fatores de criatividade todas as contribuições que recebe: cria pensamento onírico e, deste, sonhos e pensamento. Quando uma mente não funciona nessas modalidades receptoras-transformadoras-criativas, inverte o próprio funcionamento. Creio que o cultural tenha diversos momentos de impacto: há uma *microcultura relacional*, microambiental, que constitui a parte do "barquinho-função α e função edípica da mente" da Figura 2.3 e da qual depende o desenvolvimento da capacidade de pensamento de todo "filhote de homem" no seu ambiente. Mas há também uma macrocultura social (na qual vivem, em uma espécie de osmose, as microculturas relacionais) em relação à qual não podemos nos declarar indiferentes. É uma questão central o quanto a macrocultura social dá reconhecimento ao mental, ao emocional, à importância vital da relação para o desenvolvimento da mente, que espaço e que tempo são permitidos para tornar disponíveis funções de *rêverie*, de fantasia, de sonho.

Há sempre o risco de uma des-afetivização, frequentemente em nome de uma suposta cientificidade objetiva. E isso, se é visível em nível macroscópico no social, eu o vejo também como um sério risco para a psicanálise, que, ao contrário, deveria valorizar a "especificidade" do animal homem.

Já Bion, em *O aprender com a experiência*, salienta (no cap. XVI) o fato de que as técnicas usadas por quem tem uma visão científica deram seus melhores resultados quando se tratava de objetos inanimados; naturalmente, os três vínculos de base que põem em relação X, que quer conhecer, e Y, que quer ser conhecido – XLY, XHY, XKY – "deixam de existir à medida que são introduzidas aparelhagens inanimadas com o objetivo de substituir o elemento animado" (Bion, 1962).

Mas há ainda um ponto central descrito por Bion (1965): o fato de que as emoções que permeiam a mente do outro são fundamentais para determinar o desenvolvimento da mente e constituem o conectivo no qual se inserem os conteúdos mentais, e consequentemente a evolução em direção a K ou a –K, em direção a ♀♂ ou a –(♀♂).

Eu pictografaria a cultura da *rêverie* recorrendo à imagem do quadro *O amor materno*, de Tranquillo Cremona (Figura 2.4).[1]

Figura 2.4

---

1 As Figuras 2.4, 2.5 e 2.6 desta edição foram extraídas de: Wikimedia Commons.

Ao passo que uma *rêverie* que funciona parcialmente me parece bem pictografada pela obra de William Blake (na *Divina Comédia*, "Inferno", canto XIX), na qual, independentemente das intenções do autor, parece que uma mãe acolhe uma menina, enquanto aspectos mais primitivos não encontram acolhimento e são projetados fora, dando lugar a cisões do tipo *Dr. Jekyll e Mr. Hyde* (Figura 2.5).

Figura 2.5

Uma *rêverie* totalmente inadequada eu representaria por uma outra pintura de William Blake (*The great red dragon and the woman clothed with the sun*), que remete a aspectos monstruosos da mente que não encontram uma *rêverie* suficiente, mas somente uma função materna frágil e inadequada (Figura 2.6).

Figura 2.6

Eu poderia propor as consequências de uma *rêverie* insuficiente de forma narrativa por meio da leitura do fenômeno literário-social representado pelos três livros de Thomas Harris, nos quais havia sempre uma história violenta de *serial killer*, que, por meio de homicídios, evacuava em atuações um sofrimento impossível de ser contido.

No primeiro livro, *Dragão vermelho*, a história infantil de Francis Dolarhyde é trágica: abandonado pela mãe, tem um grave defeito físico no rosto, por isso não ousa se olhar no espelho. Uma tentativa de voltar para a mãe e para a nova família dela falha miseravelmente, e, após a morte da avó, ele inicia sua carnificina. A história continua até que Francis encontra uma moça cega que, não ficando condicionada pelo aspecto do seu rosto, tem com ele uma relação afetiva cheia de aceitação.

Isso causa nele uma espécie de cisão entre um aspecto que não renuncia à vingança – o "Dragão Vermelho" – e ele mesmo, que quer salvar a moça e a doce relação que se iniciou entre eles.

O segundo livro, *O silêncio dos inocentes*, também está centrado em um *serial killer*, James Gumb, que mata mulheres "grandes". Ele mesmo tem uma história de abandonos e traumas. Mata porque quer confeccionar um vestido de pele humana feminina que seja como "uma nova pele e identidade". Mata essas jovens mulheres para construir – exatamente como um alfaiate – um invólucro.

Nos dois romances, uma figura constante é o Dr. Lecter, um psiquiatra, também *serial killer*, mantido prisioneiro em um cárcere de segurança máxima dentro de uma jaula. A agente Starling, do segundo romance, é a heroína que se lança à caça do *serial killer*, auxiliada pelo Dr. Lecter, que estabelece com ela uma relação quase protetora, como aparecerá no terceiro romance, *Hannibal*, que é também o Dr. Lecter, que se torna então protagonista. Nesse último romance, são descritas as tentativas da agente Starling de prender Hannibal depois que ele escapa da prisão. Mas, especialmente, para além das vicissitudes do gênero horror policial, é narrada a história infantil do Dr. Lecter, que perdeu uma irmãzinha muito amada em tenra idade, vítima de um ato de canibalismo: foi comida por um grupo de bandidos que, esfomeados, invadiram a fazenda na qual a família vivia e, não havendo nada para comer, devoraram – na ausência dos pais –, além de um mísero veado, justamente a menina. Parece que o trauma sofrido precisa ser repetido de forma "ativa": uma vez adulto, o Dr. Lecter, por sua vez, se torna canibal; quer inverter o curso do tempo e fazer a irmãzinha reviver; quer um tempo não linear; a agente Starling parece poder ser, em parte, um substituto, um possível "depósito" da irmãzinha, se o tempo pudesse se inverter e a irmãzinha pudesse voltar a viver... As cenas de canibalismo se repetem até uma terrível situação em que um homem, aos seus olhos culpado – ele mesmo, que não havia podido salvar a irmãzinha –, tem o cérebro operado e participa, acordado, da refeição do próprio cérebro, que é fatiado, nos lobos frontais, cozido e comido. Assim como ele mesmo, se corrói o cérebro pelo sentimento de culpa.

Pergunto se não é possível ver o que acontece na ausência de "alimento para a mente", na ausência de *rêverie*: as partes meigas, afetuosas (a irmãzinha, a capacidade de ♀), são destruídas por partes violentas que acabam por "canibalizar" a própria mente, processo que depois se faz expiar aos outros, que se tornam as vítimas. Se tivesse havido alimento, *rêverie*, a irmãzinha poderia ter vivido, os afetos, as emoções teriam o seu lugar e o Dr. Lecter não seria vítima, carnífice devorado pela culpa e anjo vingador ao mesmo tempo. Os criminosos da parte inicial da história podem ser pensados como os elementos β que, não encontrando *rêverie* e transformação (por parte de uma função α), canibalizam a mente.

Assim, podemos identificar o *serial killer* do primeiro livro com a necessidade de evacuar as emoções ligadas ao trauma em atuações com conteúdos violentos em busca de um continente que se revela inadequado. Os maus objetos perseguidores impõem a Francis a vingança; até que ele encontra a moça meiga; aí há a cisão entre a parte psicótica e a "parte capaz de relação". Aquilo que não é acolhido e transformado gera loucura e perseguição, assim como no segundo livro, em que há uma tentativa de encontrar uma pele psíquica, um continente capaz de "conter dentro" (um ♀ capaz de dar lugar a ♂). Por último, aparece o personagem mais inquietante – Lecter – verdadeiro "diretor" de todas essas histórias, o psiquiatra louco, verdadeiro superego arcaico, que tudo devora com sentimentos de culpa intoleráveis até levar à ação desesperada, lesiva, autolesiva. A sequência dos três livros me parece um admirável mito moderno sobre a ausência de cuidados primários e as suas consequências: o *killer*, a tentativa de autocura (a pele), a culpa persecutória.

Não somos sociólogos, e o que nos interessa é refletir sobre esses fenômenos de "minikilleragem" representados pela inversão do fluxo normal das identificações projetivas (de criança para adulto, de paciente para analista) e pelas *rêveries* negativas – verdadeiros assassinatos das possibilidades de desenvolvimento da mente e da espécie –, que podem ser feitos também pelos pais não culpados, mas sofridos, ou por analistas, por sua vez, não culpados, mas "fanáticos".

3. Continente inadequado e violência das emoções[1]

Em nosso primeiro encontro, Andrea[2] preenche várias folhas com desenhos de dinossauros, que depois apaga completamente para desenhar pequenas tartarugas (ver Figura 3.1).

Andrea foi trazido para a consulta por causa de repentinas explosões de ira e frequentes ameaças de se machucar, talvez se matar. Os pais o descrevem como um menino que não brinca, não tem amigos, é solitário e triste. Chama a atenção, em seu aspecto, algo de afeminado. A mãe dá a impressão de ser uma pessoa rígida, "engomada", e o pai é ausente da vida emocional da família.

---

1 Neste capítulo, introduzo um uso pessoal, acredito imediatamente intuível, de alguns gráficos:

    – ♂ indica um hiperconteúdo em relação às capacidades de um continente;

    – ♀ me parece indicar visualmente a "fragmentação" do continente e sua transformação em conteúdo projetado ♂ pela passagem ⊚ turbulência de fragmentação de continente;

    – ♀♀♀♀ indica o desenvolvimento de continente;

    – ⊘ indica um conteúdo *killer* em relação às capacidades de continência do paciente.

2 Andrea é um nome italiano que corresponde a André, nome masculino [N.T.].

Desaparecem depois da primeira consulta e voltam só após vários meses.

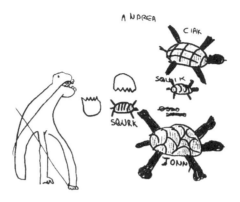

Figura 3.1

No novo encontro, a mãe relata que, por sorte, com o novo ano escolar, na classe de Andrea, "são quase todas meninas, já que muitos meninos foram embora". Acrescenta, porém, que desde o Natal Andrea tem medo de ficar sozinho, mesmo por pouquíssimo tempo, e sofre de insônia, ou melhor, adormece logo, mas acorda no meio da noite assustado por causa de pesadelos e procura abrigo no quarto dos pais. A mãe diz ainda que, na escola, ele tem medo do "tema livre" e tem problemas com a escrita, justamente com a grafia das palavras, que ele muda constantemente. Segue-se um novo encontro com Andrea, que, logo ao chegar, grita "Uau, que belas mudanças!", referindo-se às modificações que ocorreram na decoração da sala de análise desde o momento do primeiro encontro, meses antes. Dessa vez, Andrea inicia fazendo um desenho (Figura 3.2) que o representa em um quarto com medo de dormir (onde estão os dinossauros?) e depois um segundo, após um comentário de apreço do analista (Figura 3.3).

Figura 3.2

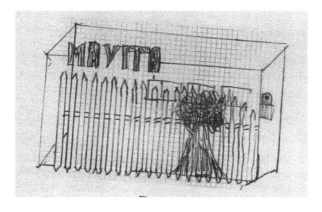

Figura 3.3

O final da sessão é bastante insólito: a mãe está mais de dez minutos atrasada para buscar Andrea. De repente, ouvem-se gritos vindos das escadas, então Andrea diz ter a impressão de reconhecer a voz da mãe... O analista corre para fora: a mãe de Andrea ficou presa no elevador e grita para... ser libertada. Gostaria de mostrar como, sob as possíveis variações do enredo, existe uma espécie de "fábula" cuja estrutura deve ser levada em conta.[3]

Andrea, desde o início, conta seu drama: existem, dentro dele, emoções tão primitivas e violentas (os dinossauros) que a única forma de as administrar que ele encontrou foi fechando-as, ou talvez *fechando-se*, dentro de um continente rígido, um *claustrum* (as tartarugas), como diria Meltzer (1992). Mas esses conteúdos tão comprimidos dentro do claustro ($\vec{\circ\male\female, \male \text{ comprimido } \female}$) periodicamente levam à explosão do próprio claustro (os acessos de ira e de desespero). As emoções sob pressão que não podem ser compartilhadas e são segregadas necessitam de couraças em volta ou então são cindidas para fora, e nos refugiamos no claustro. A mãe, mesmo não tendo sido capaz de fornecer *rêverie* e $\female$ ao filho, tem uma boa capacidade de escolher, nas suas narrações, fatos significativos e até iluminadores.

A frase "Muitos meninos foram embora" eu pensaria como a descrição do alívio dos conteúdos, das protoemoções sob pressão $\male$ que foram cindidas para permitir aos continentes (as meninas) suportar uma pressão, agora mais leve.

Mas esses fragmentos de "conteúdo" ($\male$ $\male$ $\male$ essas protoemoções) que foram cindidos voltam da órbita na qual gravitam como presenças terrificantes quando Andrea está sozinho ou deveria pegar no sono. É necessária a presença dos pais, que funcionam como antídoto a essa volta de $\male$ terrificantes enquanto não encontram funções de continência ($\female$) adequadas.

O "tema livre" (sem as "grades" das regras) é temido porque, com ele, podem "voltar" os fragmentos cindidos que, ao retornar, buscam abrigo na grafia, que é como se fosse atingida por um

---

3 O enredo é a história como de fato é contada, e a fábula, o esquema fundamental da narração.

terremoto. Andrea exulta quando vê uma mudança que parece representar a capacidade da mente do analista de operar transformações.

O segundo desenho parece representar sarcófagos nos quais é possível encontrar proteção e abrigo: são os cascos das tartarugas. É preciso ficar assim escondido no sarcófago porque os dinossauros (conteúdos protoemocionais impensáveis cindidos) podem irromper a qualquer momento. A presença do analista e o clima não persecutório da sessão permitem transformações no clima mental de Andrea: o claustro-couraça transforma-se em um cercado aberto, e floresce algo, uma emoção não preocupante, não dinossauro, mas viva... como viva é a relação quente na escrita "MA VITA", que parece dizer: "Você é a MINHA VIDA",[4] isto é, aquilo que me dá bem-estar, que me permite pensar e ter esperança de mudanças (Figura 3.3). A cena final, da mãe no elevador, parece fruto da imaginação pela maneira como recoloca o tema central da explosão emocional no interior de um claustro do qual se quer ser salvo para encontrar um continente.

Mas voltemos à sequência clínica e a alguns desenhos das sessões sucessivas. Em uma sessão, tendo escutado alguns barulhos, Andrea teme, com inquietude, que possa se tratar do Tiranossauro Rex que ele desenha (Figura 3.4), com algo como raízes de uma árvore no lugar das pernas. O analista logo interpreta que talvez Rex tenha encontrado um lugar no qual colocar raízes e está mais tranquilo.

Segue-se o desenho de um pequeno dinossauro no qual Andrea coloca olhos, nariz e boca humanos (Figura 3.5), indicando o início de outra transformação.

---

4 No original, "VITA MIA" [N.T.].

Figura 3.4

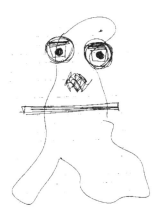

Figura 3.5

Nem tudo sempre foi fácil na análise de Andrea. Houve períodos de turbulência, longos períodos de sonolência do analista e situações de impasse ou repetitivas, mas, progressivamente, foi possível metabolizar "os dinossauros". Após um ano de tratamento, a mãe assinala que Andrea não tem mais explosões de ira e não é mais violento. No fim da terapia ela dirá que nem se lembra mais dos motivos pelos quais Andrea iniciou a análise, "com certeza nunca foi um menino violento" (Gabrielli, 1997). Creio que é importante desenvolver o conceito de solicitação do continente ♀ por parte de um conteúdo particularmente turbulento tal que provoque "rachaduras" no próprio continente que remetem ao "terror" da explosão (por exemplo, a explosão do ataque de pânico?), elo qual o "continente fragmentado" se transforma em ♂ "conteúdo projetado" que violentamente irrompe.

Clinicamente, isso poderia ser descrito por meio das palavras de um paciente que dizia se sentir "um coelho assassino que, quando está aterrorizado, mata todo mundo" (ver Figura 3.6, que representa a transformação de um continente fragmentado em um conteúdo invasivo).

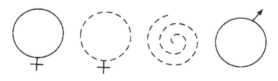

Figura 3.6

Para concluir, gostaria de mencionar uma situação clínica na qual há uma falência da capacidade de *rêverie* do analista e uma inversão do fluxo das identificações projetivas. Às 17h30, acabo uma sessão com uma menina psicótica que deixa muita angústia dentro de mim. Faço o possível para encontrar novamente o meu eixo mental costumeiro.

Inicio às 18h a sessão seguinte, com uma paciente adulta sensível e suficientemente "saudável". Sinto a mente atravancada, sinto um embaraço, um mal-estar. Progressivamente, me liberto e me sinto bem. A sessão segue o seu curso.

Na manhã seguinte, a paciente relata, surpresa, um sonho truculento, surpresa porque esse sonho chega em um momento de bem-estar e de satisfação. Era menina, andava com algumas amigas sobre uma pequena colina de um parque da cidade. Iam à lanchonete tomar um sorvete, mas acabavam optando por suco de laranja.

E aqui o elemento angustiante: o homem da lanchonete, como se fosse natural, no lugar das laranjas, pegava cabeças de menina, as espremia e pretendia que elas bebessem o suco gosmento e esbranquiçado que saía. Elas fugiam aterrorizadas.

A contínua dialética entre o desenvolvimento de ♀ e de ♂, entre ambiente favorável e capacidade de desenvolver novos pensamentos, encontra-se – creio que sem nenhuma consciência por parte do autor – em um recente romance do gênero *noir* (tanto é verdade que logo encontrou um lugar na famosa série da editora Gallimard): *Pericle il nero*,[5] de Ferrandino.

Pericle il nero é a extraordinária história do nascimento de um pensamento no protagonista do romance, perverso caractereopático grave, e, com ele, a capacidade de pensar.

Péricles, até na linguagem, é incapaz de metáfora, ele "faz as pessoas tomarem no cu", mas de fato, concretamente: a pedidos, sodomiza as pessoas as quais tem de fazer sentir – como um aviso – vergonha e humilhação. Age por instinto, pelo instinto se salva quando tentam matá-lo, a cada estímulo segue-se uma reação igual e contrária, mecanismo que parece testemunhar a validade – para a mente caracterial – da lei da dinâmica: cada ação é seguida por uma reação igual e contrária. Depois de ter se complicado com

---

5 Em tradução livre, *Péricles, o negro* [N.T.].

a organização criminosa à qual pertence, consegue se afastar e se colocar em segurança sem nunca ter um projeto ou um pensamento, mas indo aonde o levam os acontecimentos e um certo faro primordial pela evitação do perigo, até que encontra uma mulher polonesa com a qual se acende uma história – por assim dizer – humana, que lança a semente para o nascimento de um pensamento. É um gesto de afeto da polonesa, que lhe afaga os cabelos, que abre um lugar em sua cabeça para um cenário imaginativo. Pela primeira vez – na casa da polonesa – reage a uma frustração imaginando o que faria – uma carnificina, justamente –, mas sem fazê-la.

É extraordinária a descrição da impossibilidade de tolerar as frustrações e de funcionar como um arco diastáltico – estímulo/resposta – até o surgir do neurônio de modificação entre estímulo e resposta: o protoaparato para pensar e, portanto, imaginar. Tão grande é sua impossibilidade de tolerar a frustração, tão grande a sua sensibilidade aos climas emotivos, que capta um aceno de menor disponibilidade da polonesa e se afasta para voltar ao cenário de origem das suas vicissitudes. Agindo de forma violentamente caractereopática, leva a melhor sobre quem o quer ver morto, possui agora uma boa soma em dinheiro, da qual se apropriou indevidamente, e está prestes a realizar mais um ritual de sodomização sobre o adversário vencido, com a pomada antibiótica de sempre – que, segundo ele, o protegeria de possíveis contágios –, quando capta toda a cena de um outro ponto de vista e renuncia.

Aqui nasce novamente um pensamento – indicando o desenvolvimento da capacidade de pensá-lo – e o vemos imaginar um possível futuro diferente com a mulher polonesa, à qual se apresentará com o dinheiro para viverem juntos uma vida diferente na Polônia. Talvez consiga. Por enquanto, consegue encontrar uma outra forma de fazer funcionar a sua mente, consegue perceber que a única maneira de sair de uma situação sem saída é a transgressão do pensar (Gaburri, 1982; Gaburri, Ferro, 1988) e dar vida a algo próprio e diferente em relação à cultura do grupo, pela qual tinha sido sempre invadido e "atuado": o nascimento de um pensamento coincide com o nascimento transgressivo de uma "identidade individual". É extraordinário como o autor, prosseguindo na narração, mostra também as modificações linguísticas de Péricles, como o acesso progressivo à metáfora e ao símbolo, deixando a prisão da linguagem concreta e atuada.

A mudança de cenografia...

No trabalho analítico, são momentos certamente preciosos aqueles nos quais há uma mudança de cenografia: come se tivéssemos ido ver um filme sobre a Roma Antiga e, de repente, aparecesse Nuvem Vermelha ou o general Custer.

É o irromper de um "fato selecionado" (Bion, 1963) novo, antes impensável, capaz de reorganizar toda a cena em uma *Gestalt* diferente que testemunha aquele desenvolvimento não linear, indicador de transformações profundas.

Nicoletta é uma paciente que inicia a análise como vítima de abusos, afrontas, injustiças; mas há uma sessão na qual Nicoletta conta "ter consumido os dentes de tanto ficar calada", conta depois de quatro batidas com o carro em poucos dias por não ter "freado a tempo", depois fala de um sujeito que encontra fora da sala de análise, que "talvez seja um paciente que faz análise para ser ajudado a não ser incontinente e que talvez não tolere lugares fechados", fala depois do irmão, que disse: "Você seria capaz de matar" e de como mudou nos últimos anos a sua maneira de se vestir de "saia curta e sapato de salto alto" para "freirinha" por causa de sentimentos de culpa.

Tudo isso me permite pensar no motivo pelo qual ela procurou análise... Encontrar e aprender a controlar "o *killer*", isto é, seu próprio funcionamento violento, incontinente, que pode finalmente começar a entrar em cena, ainda que marginalmente, na sessão, por meio dos acidentes ("freada inadequada"), o "homem que espera fora", claustrofóbico, verdadeiro *Dobermann* com focinheira-claustro. Tantas sessões que precederam essa serviram só para possibilitar o "desenvolvimento do continente" (representado na Figura 3.7).

Somente o formar-se do "continente" permite que "Ki", ou melhor, ♂, conteúdo-*killer*, possa encontrar um ambiente no qual se tornar realidade emocional. Isto é, a pensabilidade de ♂ pode acontecer somente se houver desenvolvimento adequado de ♀. Isso determina uma total mudança de cena pela qual, em um filme sobre um convento de freiras, chega Gengis Kahn e encontra lugar! E a paciente pode, pela primeira vez, ter um acesso não persecutório ao desejo, experimentado mais vezes, de matar o próprio pai.

É preciso acrescentar que o conteúdo é ♂, isto é, um conteúdo-*killer* que não pode ser pensado enquanto ♀ não é adequado, enquanto o conteúdo é mais violento e explosivo do que a capacidade de pensá-lo.

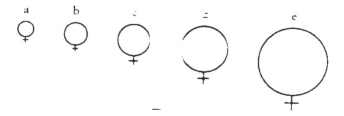

Figura 3.7

... isto é, a explosão do continente

Carlo é um paciente que tem muito medo de "perder o controle" e que usa uma estratégia defensiva baseada na racionalização. Ao final de uma sessão, "salta para fora" a ideia de que seria possível dizer tudo aquilo que se pensa, mesmo as coisas negativas e as críticas que se fariam ao próprio analista.

Na sessão seguinte, Carlo traz os seguintes sonhos: há um homem do sul que lhe dá medo, uma mulher que parece fazer insinuações e uma moça grávida com "monstrengos" em volta. O sonho poderia ter diferentes níveis de leitura: desde os mais edípicos até aqueles mais baseados nas partes cindidas que ele teme; mas eu creio que possa ser útil também pensá-lo como a fiel descrição do que acontece na sala de análise: ele começa a sentir o desejo, quase a sedução de se entregar e de contar: essa ideia o agrada, mas depois tem medo do "homem do sul" de nível mais passional.

Há um ♀ que começa a ser pensado como atraente, mas há o medo de conteúdos ainda muito assustadores e que não podem ser contidos ♂; ainda que exista a ideia de que um continente ♀♀♀♀ está em expansão (a moça grávida) e aguardando pequenos monstrengos, pensamentos à espera de um pensador, ou elementos b ou balfa à espera de alfabetização (ver Figura 3.8).

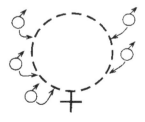

Figura 3.8

O forçar excessivo do continente

Uma paciente em análise fala de um rapazinho de 13 anos que lhe pediu ajuda no ambulatório onde trabalha como médica. Diz se tratar de um menino que vai bem na escola, que sofre de crises de asma, que tem dificuldades de estar com os amigos. O analista interpreta o encontro da paciente com uma parte mais adolescente dela mesma bem adaptada, mas que sente necessidade de maior liberdade.

Na sessão seguinte, a paciente relata ter tido uma crise na vista, ter perdido por longos minutos o sentido da tridimensionalidade, ter tido uma incômoda sombra em volta daquilo que via, ter tido medo de ter uma hemianopsia, de não conseguir mais ler as palavras nas linhas, e que melhorou após ter relaxado e ter comido um pouco de açúcar. Depois, fala de uma amiga louca, com os cabelos amarelos, que dizia coisas sem nexo, e depois de uma menina que, após um corte de cabelo, não reconhecia mais a própria mãe e chorava desesperada. O que aconteceu?

O analista se viu diante de um problema de cisão no tempo (o menino adolescente) e aproximou a cisão, trazendo-a ao mesmo plano: "Fale-me dos seus aspectos adolescentes".

Aproximar as cisões temporais, mas também as espaciais (o paciente que dissesse: "meu primo...") é, com certeza, uma das funções do analista. Mas é importante que isso seja feito gradualmente, como se estivéssemos diante de uma ferida em V e fosse necessário costurar os lados aos poucos, mas a partir do vértice. A operação de costura muito rápida, ao contrário, foi a causa daquilo que a paciente contou na sessão seguinte: perdeu o sentido da tridimensionalidade temporal, via achatar-se a sua própria imagem, sofreu um efeito "halo" que impedia uma visão clara, e consequentemente perdeu a capacidade de entender, de seguir o texto daquilo que o analista dizia.

Depois relaxou e se consolou. Então acabou a crise de desorientação, que depois continuou no relato de uma amiga irreconhecível, como também o analista tinha se tornado estranho depois da interpretação. A transformação ulterior (a menina que não reconhece a mãe por uma maneira diferente de se colocar) assinala o sofrimento diante de algo que faz perder o contato com o analista conhecido, colocando-a diante de algo excessivamente inquietante e não familiar.

Portanto, merecem reflexão não só a forma de aproximar as cisões (no espaço ou no tempo), mas também como o paciente volta a nos narrar continuamente como viveu a intervenção interpretativa do analista, permitindo a este modular continuamente sua atividade interpretativa (Barale, Ferro, 1992; Bezoari, Ferro, 1989, 1991a, 1991b; Ferro, 1991a, 1996c, 2000f). Função esta que, do meu ponto de vista, raramente é útil interpretar, mas que se torna uma espécie de linha que ajuda a não perder o rumo e que pertence a quem está no leme.

Até este momento, me referi ao que acontece se o continente é inadequado, o que acontece se ele é muito solicitado e como se desenvolve permitindo novas narrações, frequentemente imprevisíveis. Gostaria agora de olhar para a situação oposta, uma situação na qual o continente está pronto, mas há uma carência inicial de conteúdo veiculado pela insuficiência interpretativa do analista.

Elogio do conteúdo

Uma jovem paciente fala de um novo namorado decepcionante, que é desinteressado, e que frequentemente tem se demonstrado impotente. O analista não traz essas informações para o interior da relação e faz somente comentários muito cautelosos.

Na supervisão, digo ao jovem analista que ele tem que entrar em cena de uma forma diferente, como um "cossaco", mais ativo, mais incisivo, tocando a paciente com interpretações mais ativas e possivelmente de transferência. O analista relata o conteúdo da sessão seguinte, na qual ainda ficou às margens da cena. A paciente, então, dobrou a dose, falando do namorado cada vez mais distraído, com problemas de ereção. Insisto em dizer ao jovem colega que ele deve fazer o cossaco e o ajudo a elaborar as dificuldades que tem para fazê-lo. Na sessão seguinte, o jovem colega é ativo e faz muitas intervenções centradas de transferência.

Estou ouvindo a leitura da sessão quando aparece uma imagem da paciente: teve a fantasia de ver uma série de círculos concêntricos...

Penso que o analista exagerou com a atividade interpretativa, a paciente está falando de um "alvo", de ter se sentido muito "mirada"... quando ouço – com grande alívio – que a paciente continua o relato de uma forma imprevisível: "Esses círculos concêntricos me faziam lembrar a focalização de um binóculo que tínhamos antigamente, quando minha mãe conseguia me seguir em um caminho difícil e eu ficava contente, com um sentimento de bem-estar e de não estar sozinha". Continua, depois, falando do despertar sexual do namorado, que se mostrou superior a qualquer expectativa.

Fendas e fraturas do campo

As microfraturas da comunicação são fundamentais – como as cesuras e as separações – porque determinam fendas ou zíperes através dos quais irrompe, na relação atual, o que estava fora como conjunto de "fatos não digeridos", em outra linguagem: porque permitem à transferência ser o motor da análise, trazendo material bruto do mundo interno e da história. É importante poder graduar esse progressivo "desembarque" para que seja útil e construtivo; é necessário – pelo menos em certos limites – que sejam organizadas bases de acolhimento e que a atualidade da relação "segure" e absorva/transforme essas cargas vitais, mas frequentemente explosivas.

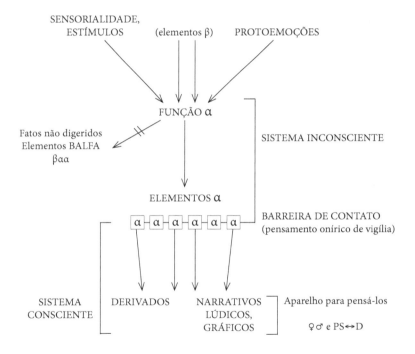

Figura 3.9

Uma ausência de fendas leva à esterilidade-impasse da análise, um excesso das várias formas de transferência negativa, transferência psicótica. O analista, nessa ótica, se coloca como um encarregado dos diques, tendo que modular o quanto "entra" no ciclo metabólico. Naturalmente, aquilo que foi removido, cindido, encerrado, não digerido tem uma outra via de ingresso, e os veículos principais são as identificações projetivas que transportam e trazem para o campo aquilo que foi vivido, mas não elaborado ou pensado.

Também a mente do analista precisa ter essa qualidade semipermeável para acolher sem ser – excessivamente – invadida.

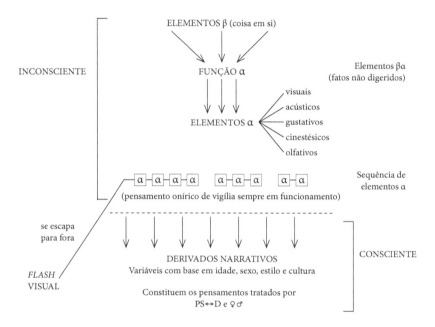

Figura 3.10

Creio que seja bastante evidente, neste meu trabalho, o modelo de mente ao qual me refiro. É um modelo que nasce da conjugação das conceituações de "campo" – nas teorias dos Baranger (1961-62), de Corrao (1992), de Gaburri (1997), de Ferro (1992b,

1996e, 1999a, 1999b) e Bezoari, Ferro (1990, 1992a, 1992b, 1994, 1996) – com a expansão das conceituações de Bion (1962, 1963, 1965). Há uma parte da mente que, na vigília, sonha. O derivado narrativo permite saber algo em torno desse sonho. A "barreira de contato" é fundamental para nos proteger de uma inundação de elementos α, βα (balfa), β (ver as Figuras 3.9 e 3.10).

Sobre os derivados narrativos operam ♀♂ e PS↔D.

Em outras palavras – mais simples –, qualquer turbulência do campo (e uma turbulência pode ser causada por uma interpretação do analista) gera, se o campo "segura e funciona", elementos α que são eles mesmos inatingíveis, mas dos quais podemos conhecer o "derivado narrativo", que é uma cópia, mesmo que pálida, do elemento α (ou da sequência de elementos α).

É como se o elemento α estivesse em um quarto inatingível, mas há alguém que pode "contar", "desenhar", "brincar" ou "atuar" esse elemento α para mim.

A atenção a esses derivados narrativos é o que permite, de forma maciça, as modulações do campo e o conhecimento dos próprios movimentos do campo.

4. O *après-coup* e a cegonha: campo analítico e pensamento onírico

Neste capítulo, aparecem, em maior ou menor medida, os principais "temas" em torno dos quais trabalhei nos últimos anos:

- as várias maneiras pelas quais é possível conceituar "os personagens" da sessão psicanalítica;

- a forma pela qual – de um certo ponto de vista – o paciente continuamente assinala ao analista o funcionamento da própria sessão;

- a continua oscilação entre atividade interpretativa e transformações narrativas por parte do analista;

- o desenvolvimento do conceito de Bion de "pensamento onírico de vigília" e o desembocar no conceito de "derivado narrativo" desse pensamento;

- a atenção às microtransformações no aqui e agora da sessão, capazes de modificar continuamente – graças a uma série contínua de *après-coup* – o mundo interno do paciente e também capazes de reescrever a história, inclusive, algumas vezes, em versões "nunca acontecidas".

Gostaria ainda de acrescentar que utilizo o material clínico não para "demonstrar" algo, mas como um meio para contar e compartilhar a teorização subjacente e para dizer juntamente com Bion, para falar de teoria, mas ao longo da linha C da Grade, aquela do relato, do sonho, dos mitos privados.

Os autores nos quais eu mais me inspirei para o desenvolvimento de meu pensamento foram os Baranger e Bion (Bezoari, Ferro, 1991b; Ferro, 1992b). Todos são autores com uma característica que, para mim, os aproxima muito, pelo menos de um certo ponto de vista: a grande importância dada ao funcionamento/não funcionamento da vida mental do analista na sessão. Isso de uma forma diferente da dos intersubjetivistas da Escola Americana, que enfraquecem, na minha opinião, o valor atribuído ao funcionamento mental inconsciente.

Os Baranger (1961-62, 1969), autores de origem francesa que se transferiram para a América do Sul, postulam que analista e paciente, ou melhor, suas vidas mentais na sessão, formam "um campo" no interior do qual não é possível distinguir, num primeiro momento, o que pertence a um e o que pertence ao outro.

É justamente a zona de colisão inconsciente que se forma (chamada baluarte) que se torna objeto da exploração e da interpretação do analista, que deve ter a capacidade de dissolver a zona de resistência cruzada (o baluarte), através de "seu segundo olhar", que lhe permite se distinguir do campo que ele mesmo contribuiu para gerar. Assim, a interpretação dissolve continuamente e revela essas áreas de colisão inconsciente que continuamente se formam. O trabalho do analista consiste, portanto, em desembaraçar e desembaraçar-se constantemente do campo que inconscientemente gera em conjunto com o paciente.

Os Baranger fazem da identificação projetiva um ponto-chave da sua criação metapsicológica e pessoal, desenvolvendo as originárias formulações kleinianas em uma direção que, por muitos aspectos, me parece ter uma extraordinária consonância com as contribuições de Bion. Se a identificação projetiva não é somente a fantasia onipotente de um indivíduo, mas "algo que acontece realmente entre duas pessoas" (Bion, 1980), "não devemos nos espantar que sua importância seja decisiva para a estruturação de qualquer dupla" (Baranger, Baranger, 1961-62). Assumir esse modelo da identificação projetiva decisivamente bipessoal produz importantes mudanças também na concepção das dinâmicas transferenciais e contratransferenciais (Ogden, 1979).

A inextinguível dialética confere ao processo analítico o andamento que os Baranger, seguindo Pichon-Rivière, descrevem como "em espiral". Também para Bion (1959), de forma menos saturada, a vida e o funcionamento mental do analista são centrais. Basta lembrar:

- a importância dada às "capacidades negativas" do analista, brilhantemente retomada por Green (1993); com isto, Bion quer dizer a capacidade do analista de tolerar a dúvida e a incerteza em um PS (PS↔D) destituído de perseguição;

- o célebre – até se tornar um *slogan* – funcionamento "sem memória e sem desejo" (Faimberg, 1989);

- a centralidade da *rêverie*, como o que permite à função α (materna e, por que não, paterna) formar elementos α a partir de elementos β e, consequentemente, a atividade do analista como receptor de elementos β e transformador destes em α.

Naturalmente, essa relação entre elementos β, função α e elementos α pode ser vista nas relações primárias, como modalidade sempre ativa intrapsiquicamente e na relação atual paciente/analista. Para sair de um dialeto bioniano, digo que é considerado elemento β qualquer estímulo próprio/estero/ceptivo, qualquer estimulação sensorial antes que seja transformada, no encontro com a função α, em "pictograma visual", que sincretiza poeticamente a experiência sensorial e protoemocional de qualquer instante de auto e heterorelacionalidade. Esses elementos α, colocados em sequência, formam a "barreira de contato" que separa o Consciente do Inconsciente, mas formam, eles mesmos também removidos, o sistema Inconsciente que segue, portanto, a relação com o outro (Bion, 1962).

Os elementos β que, por vários motivos, não podem ser transformados em α, em imagens visuais da película do pensamento, podem ter diferentes destinos: ser evacuados como doenças psicossomáticas, como comportamentos sem pensamento (ações caractereopáticas), ser evacuados como alucinações, ser conservados como "fatos não digeridos" (Bion, 1962); são justamente esses "fatos não digeridos" que, na análise, urgem para encontrar acolhimento e transformação.

Portanto, do lado do analista, há um contínuo formar-se de elementos α cuja sequência dá origem ao seu "pensamento onírico da vigília", sempre presente, mas com o qual entramos diretamente em contato somente com as *rêveries* que fazemos na sessão, aquelas imagens improvisadas que nos oferecem uma imprevisível *Gestalt* da situação analítica. O "pensamento onírico da vigília" é formado por uma sequência de elementos α que sincretizam visualmente aquilo que está sendo mentalizado. Lembro como uma imagem imprevista de um cemitério, em uma sessão aparentemente apagada, permitiu-me entrar em contato com as fantasias de suicídio de uma paciente, fantasias que naturalmente foi necessário "enganchar" com o texto da paciente para se tornarem – em um seu derivado narrativo – comunicáveis.

Mas se o "pensamento onírico de vigília" está sempre presente dentro do analista, também está sempre operante dentro do paciente. O paciente tem muitas fontes de estímulo:

- os próprios "fatos não digeridos";

- a transferência;

- mas também tudo o que provém do analista por sua maneira de se colocar, de interpretar ou de ser abstinente, e isso é continuamente narrado pelo paciente.

Será nesse nível da comunicação que focalizarei minha atenção (outros níveis são óbvios e se referem à transferência como repetição e às fantasmatizações como projeção dos objetos internos – Guignard, 1996).

É nesse sentido que, com Bion, penso no paciente como "melhor colega" que continuamente nos dá a direção, se estivermos atentos, por meio da "*écoute* da *écoute*" (Faimberg, 1988), para encontrar a forma de alfabetizar aquilo que provém dele e para sermos fonte de transformações por meio da pensabilidade, e não fonte de perseguição e evacuação.

Em *Cogitations*, Bion (1992) afirma que uma experiência dolorosa poderá gerar um elemento α que represente alguém que massageia o cotovelo ou um rosto banhado em lágrimas; de forma semelhante, se uma interpretação minha gerar dor – raiva – irritação, a sequência dos elementos α produzidos poderia ser:

Flecha que espeta	Leão que ruge	Braço queimado

Para nós, essa sequência permaneceria inatingível (a não ser nos raros casos de *flash* visual em que um elemento α é projetado e "visto" no externo) se não considerássemos aquilo que o paciente nos comunica como atinente e pertinente com sua sequência α, em um dos tantos dialetos narrativos que pode escolher (eu os chamei de "derivados narrativos").

Dor – raiva – irritação (flecha – rugido – queimadura) poderiam dar lugar a diferentes narrações, mas com o mesmo valor comunicativo. Por exemplo:

- *Relato de infância*: "Lembro quando o médico tirou minhas amígdalas, depois eu dei um tapa nele e fiquei gritando por horas".

- *Relato de um acontecimento externo*: "Vi uma cena terrível, uma criança era atropelada e os pais batiam no motorista até fazê-lo sangrar".

- *Relato sexual*: "Foi com sofrimento que soube da violência sofrida por uma amiga e da raiva e da dor que ela sentiu".

E, se a nossa maneira de nos colocarmos com o paciente gerasse alívio, bem-estar, alimento, poderia se formar a seguinte sequência de elementos α:

Praia com guarda-sol	Brisa marinha	Taça de sorvete

E essa sequência poderia ser narrada por meio de vários dialetos:

- *Lembrança de infância*: "Lembro dos verões muito quentes, quando chegava o tio Giovannino e nos trazia alívio levando nós todos para a piscina".

- *Relato de um acontecimento externo*: "As palavras que meu pai me disse me tranquilizaram e me aliviaram, especialmente quando me convidou para viajar com ele".

- *Relato sexual*: "Estava preocupado com o exame, mas os abraços de Marina me fizeram esquecer tudo, e fizemos amor com alegria".

Se – lembrando mais uma vez o que Freud afirmava sobre poetas e escritores – quiséssemos recorrer a Calvino (1973) para dizer tudo isso de forma simples, poderíamos observar uma página qualquer de seu escrito *O castelo dos destinos cruzados* (Figura 4.1).

Figura 4.1

Nas margens das páginas, encontramos pictogramas colocados em sequência (a única diferença para os elementos α do pensamento onírico de vigília é que em Calvino são figuras do tarô, enquanto os elementos α são "construídos" de forma completamente original e pessoal por cada um). Podemos assimilar esses pictogramas aos elementos α e pensar que não podem ser conhecidos

se os cobrimos, porém, podemos conhecer seus "derivados narrativos" na parte escrita da página, onde há a transcrição em prosa
daquilo que a sequência das cartas do tarô (elementos α) sincretiza
em poesia visual. Nesse ponto, porém, também os personagens
que entram na sessão podem ser desconstruídos de seu estatuto
histórico, de seu estatuto de objetos internos, e podem se tornar
personagens/hologramas afetivos da cena psicanalítica atual. Naturalmente, estou me ocupando somente de um nível da cena analítica; não há dúvida de que um personagem-holograma afetivo,
por um outro vértice, seja também um personagem objeto interno
e um personagem histórico. Aliás, entre esses três níveis, há um
contínuo trânsito, e é aqui o *locus* das transformações que o aqui e
agora permite ao mundo interno e à história (Ferro, 1992b, 1996e).

Com esse conceito de personagem – holograma afetivo da
sessão –, o instrumento clássico do analista se enriquece de uma
possibilidade de "monitoramento" do campo que, se conduzida inclusive utilizando as "capacidades negativas", torna-se uma ajuda
preciosa no trabalho com o paciente, ajudando-nos a alcançar uma
sintonia emocional cada vez maior ou a recuperá-la todas as vezes
que as "cesuras excessivas" causarem uma fratura da comunicação.
Fratura da comunicação, a meu ver, não menos importante que
os momentos de experiência compartilhada (Barale, Ferro, 1992;
Ferro, 1999a).

A *clínica*

Microtransformações na sessão

São transformações instáveis e reversíveis, que se realizam no curso da sessão analítica e testemunham a qualidade da interação entre analista e paciente e as alfabetizações ou desalfabetizações que

se realizam. São preciosas de se observar porque nos permitem captar como o paciente percebe as nossas intervenções e como podemos encontrar a melhor forma de falar com ele para alcançá-lo e estar em uníssono com ele.

A perda da... visão

Uma paciente diz: "Meu pai teve uma trombose em uma veia da retina, por isso perdeu parte da visão. E pensar que ele quer dirigir, como se isso não tivesse acontecido".

Do que fala a paciente? Naturalmente, de um fato externo e de personagens reais externos. Mas podemos pensar que ela fala também da experiência do mundo interno no qual um pai "objeto interno" pretende guiar sem ter uma visão clara das coisas, objeto interno que é o "precipitado" de experiências históricas e fantasmáticas.

Podemos também pensar – invertendo o vértice de escuta – que a paciente, utilizando um "narrema" dentre os tantos possíveis, esteja me assinalando que existe algo que tampou minha capacidade de ver e que, mesmo assim, eu pretendo continuar a dirigir a análise. Eu opto por esse último vértice de escuta. Poderia explicitá-lo, mas não o faço e "trabalho" dentro de mim essa sinalização que me chega do campo emocional-linguístico da sessão, até "encontrar" aquilo que eu não vi. Não interpreto tudo isso, mas, na primeira ocasião, coloco novamente em circulação "aquilo que eu não tinha visto"; a paciente trabalha muito sobre o que eu trago como interpretação *na* transferência (e não *da* transferência) (Gibeault, 1991) e, alguns dias depois, termina a sessão dizendo: "É incrível, mas queria lhe dizer que meu pai recuperou totalmente a visão e agora fico tranquila quando ele dirige!".

Muitas vezes me foi assinalado que não é fácil entender através de qual vértice eu "penso" os personagens da sessão: eu os capto através de vértices múltiplos, personagens reais, personagens objetos internos, personagens "nós-sincréticos" de fatos emocionais do campo analítico. Essa última leitura, que, para mim, é a que prevalece na escuta, inverte o vértice habitual, enquanto penso que tal comunicação se refira ao campo e seja uma forma de narrar as emoções do campo, isto é, que seja um derivado narrativo dos elementos α formados pela paciente.

Se as protoemoções da paciente são aquelas de "escuro", "desorientação", "medo", essas protoemoções poderiam dar início a uma sequência de elementos α do tipo: "noite com neblina" → "criança sozinha no bosque" → "alpinista sem cordas".

Essa sequência poderia dar lugar a uma infinita possibilidade de "derivados narrativos" extraídos do mundo externo, das fantasias, das lembranças de infância, do sonho, de um relato anedótico etc. em uma das seguintes modalidades:

- *Relato de infância*: "Lembro que uma vez, quando era criança, no carro com meu tio, nos vimos em uma forte neblina, e o tio pretendia prosseguir apesar de os faróis estarem quebrados".

- *Relato de um sonho*: "Sonhei estar cega e ter um cachorro para me guiar, mas ele, por sua vez, tinha uma doença nos olhos".

- *Relato de acontecimento externo*: "Vi num ambulatório uma criança que tinha ficado traumatizada porque, durante uma excursão com os escoteiros, tinha perdido o caminho e o guia tinha ido por conta própria".

- *Relato sexual*: "Ao fazer amor com Luigi, o senti tão distante e ausente que ele me pareceu cair na solidão mais negra".

Isto é, os *derivados narrativos possíveis* são infinitos em relação a uma série de elementos α que formam o pensamento onírico da vigília em contínua formação. O analista deve ser um virtuoso da inversão e da desconstrução/construção dos vértices e captar o relato do paciente:

- enquanto tal;
- enquanto transferência;
- enquanto fantasmatização;
- enquanto "derivado narrativo" da experiência emocional que continuamente forma elementos α na sessão.

A *náusea de Marcella*

Marcella é uma paciente que sempre hiperinvestiu nos aspectos de trabalho, de estudo, de afirmação profissional, de uma forma ativa, eu diria "masculina". Quando, depois de muitas incertezas, opta por uma gravidez, tem um sonho no qual é levada para uma espécie de porão para dar à luz e, ao seu lado, em caminhas, há muitos homens com dores de parto. É fácil pensar no sonho como uma manifestação do sofrimento por um processo de feminilização em ato e de transformações de aspectos mais "masculinos" em aspectos mais ligados à feminilidade, entendida também como receptividade, disponibilidade para sentir emoções e necessidades, em vez de descarregá-las em atuações de natureza variada, como antes costumava fazer.

Um dia, excepcionalmente, me vejo na necessidade de lhe pedir se poderíamos atrasar em meia hora a sessão do dia seguinte, e ela, de forma seca, me diz "não". Não pode por causa de um projeto próprio naquele dia que não quer modificar.

Concordo em permanecer no horário de sempre, ainda que isso me crie certa dificuldade, e penso: "Estranho, com quanta decisão diz não". No dia seguinte, ao chegar, diz que está "sentindo" todos os cheiros de modo forte. Eu lhe digo que é "como se tivesse a sensibilidade aumentada". "Isso mesmo", ela diz e relata o sonho da noite: era eu que tinha que ir a sua casa para fazer-lhe a análise, porém, no banheiro, havia cheiros desagradáveis, de xixi e cocô, que ela não conseguia eliminar; depois havia tubos sob pressão e, pelo excesso de pressão, em um deles se formava uma fenda, que por sorte era fechada pela mãe... Continua contando sobre ter assistido um filme no qual um *serial killer* matava os psiquiatras que o tinham desrespeitado...

Reflito sobre este sonho e penso poder fazer logo uma interpretação "forte". Tendo aumentado a sua sensibilidade aos cheiros, mas também aos climas afetivos e às emoções, Marcella sonha as emoções ativadas após o meu pedido e o seu "não": sou eu que tenho que ir para a sessão dela, no mesmo endereço e na mesma hora; ela sente a própria recusa como algo que pode ter sido desagradável para mim, ainda que tenha confiança que eu encontre o modo de me ocupar da possível raiva que eu possa ter sentido e, em alguns momentos, pensa que eu posso, porém, me vingar e fazer com que ela pague. Estava satisfeito com essa interpretação, que me parecia abrir novos caminhos, quando Marcella, pouco antes da sessão seguinte, telefonou dizendo que estava com "náusea". Vem para a outra sessão dizendo estar com medo de vomitar e se fecha em silêncios prolongados. Depois de alguns dias, me relata a cena de um filme policial onde havia alguém que matava com uma faca.

Não posso deixar de lhe perguntar se náusea, silêncio, medo da faca, nasceram do medo de que eu possa lhe dizer coisas que a machuquem. "Sim, coisas completamente 'peregrinas'", diz, animando-se, "como aquelas que me disse sobre o sonho da outra vez".

Lembro de um jantar ao qual fui convidado recentemente e onde me ofereceram comidas completamente estranhas para mim, que me deixaram "inquieto", e então digo que pode acontecer, às vezes, de serem oferecidas no "prato" coisas que não agradam, que causam náusea ou desgosto... Nesse ponto, abre-se novamente o diálogo com Marcella, com o calor de sempre.

As escamas de chocolate de Camilla

Camilla tem um sonho: entra em uma sala onde alguém quer aspergir um desodorante para disfarçar o cheiro de algo que tem a ver com a maçaneta do banheiro, que está para além da parede; depois, tão logo toca em um casaco azul, formam-se escamas que ela tenta escovar, elas voam, mas depois voltam a pousar sobre o casaco; parecem de milho, de chocolate. Sinto-me bastante confuso pelo sonho e pergunto à paciente o que é "que este sonho a faz pensar"; a paciente responde que as escamas a fazem pensar em algo do qual ela quer se livrar, mas que volta novamente ao seu lugar, algo que tem a ver com as relações com os outros. Percebo que essas palavras, acrescidas ao sonho, dão corpo a uma vivência minha com a paciente, e digo que quando nos encontramos, logo algo "se fecha", depois é possível "tirar as escamas" e ter um "bom nível de comunicação", mas depois é necessário começar tudo de novo.

"Como se não houvesse uma passagem aberta de uma vez por todas", diz a paciente. "Sim", acrescento, "mas essas escamas são de milho, de chocolate". Camilla acrescenta: "São biodegradáveis, metabolizáveis".

Essas escamas, restos da couraça de antigamente, agora podem ser digeridas e "escovadas, ainda que não de uma vez por todas", e acrescento: "Ao passo que a primeira parte do sonho me faz pensar que exista o temor de que seja colocado um desodorante para não enfrentar o desagrado de alguma coisa". "Sim", diz a paciente e inicia uma fala sobre algo que sempre havia deixado de lado.

Narrações

Gostaria de sublinhar, com a vinheta clínica a seguir, como é possível iniciar uma troca transformadora sem cesuras interpretativas fortes, numa modalidade quase dialógica-discursiva.

Mauro e o bandido

Os pais de Mauro, um rapaz de 13 anos, solicitam uma entrevista para falar dos problemas do filho. Eu não dou instruções detalhadas a respeito de como vir e, na hora estabelecida, aparecem os três. Parece-me oportuno conversarmos todos juntos e eles me descrevem a preocupação pelo rendimento escolar de Mauro, no limite do suficiente; estão preocupados quanto à decisão a respeito do tipo de escola para o ano seguinte. Ele gostaria de fazer o colegial,[1] mas eles temem que não consiga e gostariam de mandá-lo a um curso técnico. Nesse ponto, peço que me deixem sozinho com Mauro e que voltem para buscá-lo dali a meia hora. Mauro parece constrangido e seu ar deprimido chama minha atenção. Pergunto se ele compartilha das preocupações dos pais e ele me responde que pensa poder conseguir, ainda que permaneça, com esforço, sempre no mínimo "suficiente". Neste ponto, apesar das minhas tentativas de levar adiante a conversa, Mauro parece ficar travado, então pergunto se quer utilizar o papel que está sobre a mesa e ele, de bom grado, começa a desenhar (Figura 4.2).

Ele mesmo comenta o desenho, dizendo: "Estou me lembrando que nós viemos de carro de..." e prossegue dizendo que naquela noite havia tido um sonho: "Estávamos indo de carro à casa da montanha, aonde eu gosto de ir, mas, quando chegamos lá,

---

1 No original, "liceo", que seria como o Ensino Médio no Brasil, mas com um direcionamento mais acadêmico. Não é obrigatório, havendo também a opção de um ensino mais técnico nos "istituti tecnici" [N.E.].

percebemos que tínhamos esquecido as chaves. Então precisamos voltar, pegar as chaves e voltar lá outra vez".

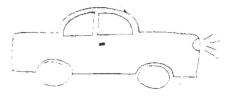

Figura 4.2

Pergunto-lhe se teme que o tempo que temos para conversar seja muito pouco para que possamos encontrar o fio da meada do seu problema e se pensa que talvez fosse oportuno ele voltar mais uma vez. Ele acolhe a proposta e diz que gostaria, sim, de voltar mais uma vez, aliás, no carro, ele já havia conversado com o pai sobre isso. Eu concordo com esse programa e acrescento que poderíamos utilizar o tempo que nos resta para conversar sobre alguma coisa que surja na mente dele. "Sim, estou pensando num sonho que eu tinha quando criança. Era a história de um menino que gostava muito de um lobo. E que depois, quando precisou se transferir com a família para a cidade, foi obrigado a deixá-lo, e isso lhe deu muita pena e um grande sentimento de solidão".

Eis uma primeira chave que, inesperadamente, aparece se conseguimos encontrar a maneira de fertilizar o campo, tirando as pedras (as angústias que bloqueiam a comunicação) e deixando que algo possa emergir. Mauro estava preocupado que o tempo não fosse suficiente e, especialmente, ele não tinha certeza de ter os instrumentos para entrar em comunicação abrindo a porta "da casa", mas, depois, ele encontra essa chave e aparece a história do lobo: isto é, das próprias partes mais "selvagens" que, "por tranquilidade", foram deixadas no bosque; isso lhe permite uma relativa adaptação, mas o deixa privado dos aspectos mais vitais e criativos de si mesmo.

Uma terapia parece, nesse ponto, indicada para que ele possa integrar esses aspectos mais selvagens de si mesmo, cuja ausência o empobrece excessivamente.

Na vez seguinte, Mauro chega com uma "chave" ainda mais clara e com uma evidente vontade de voltar ("Papai, na autoestrada, ia muito rápido para vir a Pavia"). Relata, justamente, o sonho-chave: estava com o pai no barco que ficava ancorado em ... quando chegaram bandidos com revólveres e começaram a atirar no pai; ele se lançou na água.

Eu comento com ele o fato de que ele havia conseguido se salvar, e que o medo dos bandidos devia ter sido muito intenso. Ele diz que gosta da vida tranquila e que não gostaria de ser médico (como o pai), porque é necessário, também, ver cadáveres e sangue, ele preferiria ser farmacêutico e ter a própria farmácia. Sendo uma entrevista, não interpreto nem o medo da violência, que ele sente que provém das próprias partes bandidas (tanto no sentido de violentas como no sentido de postas de lado, banidas),[2] nem o medo dos conflitos, sentidos como tão violentos, tão "de fogo" a ponto de provocar a morte e o derramamento de sangue.

Menciono quanto a vida do farmacêutico está menos exposta ao contato com as doenças, com o sangue, com a morte. Ele diz que uma existência tranquila é justamente o que ele desejaria. Ele gosta dos animais, tem *hamsters*, gosta de coelhos, gostaria de ter um cão, a mãe gostaria de ter um *poodle*.

---

2 *Bandito*, em italiano, tem duplo significado: bandido e *messo al bando,* isto é, colocado de lado, banido [N.T].

Eu digo que talvez ele preferisse um cachorro maior, mais forte. Arrisco e digo: "Um labrador? Ou talvez você gostasse também de um pastor alemão ou um *boxer*?".

Nesse ponto, ele se anima e começa a falar de cachorros de tamanhos cada vez maiores, do *pit bull* ao *rottweiler* e de como ele gostaria de poder ter um. Concordamos que nos veríamos mais uma vez para definirmos um projeto juntos.

Ao vir buscá-lo, o pai me comunica que, logo após o primeiro encontro, as notas de Mauro na escola já haviam melhorado muito e que ele se dera muito bem com um rapaz que começou a ajudá-lo nos "estudos".

A decisão acaba sendo a de enfrentar os "estudos" mais comprometedores, e ele é inscrito no colegial.

O paciente e a mente do analista

É claro que os casos clínicos que vou apresentar poderiam ser considerados, a partir de outros pontos de vista, ligados às fantasmatizações e à história do paciente. Proponho uma perspectiva de leitura na qual as comunicações do paciente sejam consideradas sinais no campo. As outras perspectivas de leitura estão igualmente presentes e interagem com o ponto de vista escolhido por mim.

Toda a "arte" do psicanalista consiste em saber focalizar um ângulo ou outro, segundo as necessidades do momento, como na litografia de Escher, *Relativité*, na qual aparecem diversas escadas e percursos possíveis, com os lugares da história infantil, aqueles do mundo interno e do campo transgeracional, e aqueles da relação atual do campo atual.

O lugar úmido e frio

Quando inicio a sessão com Francesco, a última do dia, de um dia difícil, me sinto como uma fralda de criança toda encharcada. Faço o possível para estar atento e participante às comunicações do paciente. Começa o que me parece ser uma boa sessão, com a elaboração de uma necessária mudança de *setting*, relativa à quarta sessão da semana. Na sessão seguinte, o paciente começa relatando ter estacionado o carro no átrio, em um lugar diferente do habitual, porque o lugar habitual estava ocupado, e ele o colocou em um lugar frio, úmido, mais escuro, sem sol. O filho, de poucos anos, fez uma cena porque queria o mesmo lugar ao sol, com os gramados na frente, mas o paciente lhe disse que não havia outra possibilidade. Depois, ele o repreendeu porque ele tinha fugido, e em seguida tinham feito as pazes...

Após tê-lo seguido no seu relato, proponho que a mudança de *setting* por ele aparentemente aceita, na realidade, lhe causara desorientação e tristeza. O paciente "responde" dizendo: "Esta sala é face norte, nunca há sol nem muita luz". Isto é, ele formou, logo após a minha interpretação, uma série de elementos α, dos quais a comunicação é o derivado narrativo. Nesse ponto, entendo que devo olhar de um outro ângulo e repensar a sessão do dia anterior, na qual eu estava "encharcado", "úmido", e a sua parte "menor" fugiu de um "clima" que sentiu pouco acolhedor.

Eu havia preferido fazer uma interpretação sobre o *setting* em vez de "reconhecer" a qualidade "úmida" e "fria" da minha condição mental; mas o paciente está pronto – se for ouvido – a nos colocar novamente no percurso afetivo certo. Ele dirá, sucessivamente, após uma observação minha, que, sem dúvida, era eu que tinha sido pouco acolhedor, que, de fato, o consultório tinha duas exposições, uma face norte e uma face sul quente, luminosa e ensolarada.

Se quiséssemos fazer um exercício, poderíamos imaginar que o meu sentir-me encharcado e cansado tenha gerado no paciente os seguintes elementos α: bosque úmido – criança triste. No dia seguinte, ele encontrou um "gancho narrativo" no relato do estacionamento e do filho.

Após a minha interpretação sobre o *setting*, imaginemos que ele tenha produzido os seguintes elementos α: "escuro", ao qual se segue o derivado narrativo, "sala face norte" e assim por diante. A sequência de elementos α, naturalmente, constitui o pensamento onírico de vigília, não conhecível a não ser por meio de seus derivados – nesse caso – narrativos. É lógico que o elemento α provém também do mundo interno e da história, mas, entre todos, "surge na mente" o elemento significativo em relação ao instante relacional, assim como o relato é algo que se refere ao mundo externo, mas se engancha também ao elemento α de forma a torná-lo comunicável.

Outras perspectivas de leitura da sequência clínica colocariam em evidência as características da mãe-objeto interno e uma repetição de certos aspectos da história emocional do paciente com uma mãe insuficientemente calorosa.

A voz na secretária eletrônica

Em uma segunda-feira de manhã, imediatamente antes da sessão de Clara, ouço um recado na secretária eletrônica, dirigido a mim por uma voz feminina muito angustiada, que pede que eu ligue para ela imediatamente por causa de uma grave emergência, uma voz que eu não reconheço e que não sei a quem atribuir; fico tocado.

Começa a sessão. No início, é uma sessão "brilhante", na qual Clara me dá uma série de boas "notícias" relativas a situações importantes para ela, eu faço o que posso para me sintonizar emocionalmente e ser receptivo, mas sinto que acabo, inexoravelmente, sendo arrastado por outros pensamentos que se referem ao telefonema: "Quem será, o que quer, como vou fazer para encontrá-la?". A sessão termina com a paciente contando que, num grupo de trabalho, aquilo que ela havia proposto não tinha sido acolhido.

Clara chega na sessão seguinte dizendo que houve uma "onda anômala", que foi envolvida numa briga com a qual ela não tinha nada a ver e que o marido havia pensado em interromper uma amizade por causa de incompreensões. Ela tinha conseguido tornar a situação explícita e fazer com que as águas se acalmassem. Depois, relata sonhos: primeiro, havia um prédio com luzes brilhantes, depois, ela estava em algumas grutas subterrâneas, no escuro, pequena, sem poder encontrar o papai e a mamãe... por fim, os encontrava, distraídos; num outro sonho, ela era professora de uma classe, os alunos não a ouviam, ela ficava brava, percebia que não era por causa de uma desatenção em relação a ela... mas porque tinham que cumprimentar um rapaz deficiente que estava passando por ali... mesmo assim, ela decidia fechar o livro de classe e ir embora...

Eu capto os sentimentos que se ativam quando não nos sentimos ouvidos e percebemos que alguém não está presente: da alegria no prédio, passamos para a tristeza, vamos para baixo da terra, nos sentimos perdidos, sozinhos, e depois vem uma raiva muito grande. Nesse primeiro momento, me limito a captar e descrever as emoções presentes na sala.

Aprecio o fato de que ela tenha conseguido, apesar de tudo, atravessar essas emoções, tranquilizando o marido e impedindo que chegassem a uma quebra da amizade.

A paciente continua dizendo que também o pai, às vezes, em casa, dizia: "Vou pedir demissão se continuarem a não me ouvir", e que também o irmão, uma vez que havia pensado ter sido abandonado, esquecido numa sala de espera de um consultório médico, em certo ponto havia decidido ir embora...

Trabalho sobre o problema de não poder aguentar a frustração, e a paciente diz que é necessário não se render e insistir, a porta certamente será aberta.

Num certo momento, sinto que tudo foi suficientemente "cozido" a ponto de poder lhe dizer que talvez ela tenha percebido que, na segunda-feira, eu não tinha sido capaz daquela atenção que ela teria desejado. "É verdade", ela responde, "que às vezes a gente percebe mais daquilo que a gente tem consciência de perceber, e o importante é não se deixar levar pelos sentimentos que surgem".

Resumindo, já na sessão de segunda-feira, o pensamento onírico de vigília havia captado o "não ser ouvido", depois, os sonhos elaboraram e narraram novamente a passagem de um início de sessão tranquilo à humilhação, à vivência de abandono e solidão, à raiva pela minha distração; entraram em cena, graças à *défaillance*[3] do analista, tanto a precisa descrição daquilo que acontecia na sessão quanto as vivências pertencentes também à outras épocas, que hoje vivem e são elaboráveis.

Outros pontos de vista levariam em consideração os aspectos distímicos, o tema da continência-incontinência, a capacidade de resposta às frustrações tanto em termos de mundo interno quanto em termos de reconstrução da história de Clara.

Alergia e pollution *para Igea*

Começo a sessão com Igea, que me conta de suas belas e tranquilas férias, com encontros felizes, de um novo namorado com o qual iniciou uma história.

Sou bastante capaz de "segui-la" em seus movimentos emocionais quando penso que, terminada a sessão de Igea, chegará

---

3 Falha, fraqueza [N.T.].

Marina, uma paciente com uma severa transferência psicótica. Fico um pouco ausente, sinto chegar uma onda de angústia. Poderia pensar que derive de Igea, mas acho mais honesto pensar que é a angústia relativa a Marina que entrou em mim. Nesse ponto, percebo que Igea me relata que, nas férias, houve um problema, uma *reação alérgica,* não se sabe bem a quê, que a cobriu de um eritema e de bolhas... foi parar no "pronto-socorro"... lembra que depois tinha frequentemente de bancar a tradutora, "como se diz em italiano '*pollution*'"?

Praticamente, houve uma inversão do fluxo das identificações projetivas, e Igea recolhe a minha angústia, da qual se sente tomada, e me relata, por meio da sua narração, o que está acontecendo nas nossas mentes.

Certamente poderíamos ver a coisa de um ângulo diferente, considerar Marina como uma presença na sessão proveniente de Igea, digamos, uma parte psicótica sua, cindida, mas eu "sentia" que havia sido eu a introduzir Marina na sessão.

Outros pontos de vista levariam em consideração os objetos internos invasivos ou o emergir novamente de vivências infantis traumáticas, também de um ponto de vista sexual. Mas o que me interessa neste momento é destacar as modalidades de funcionamento dos dois aparatos psíquicos na sessão.

Gostaria de refletir sobre essas últimas linhas, que acrescentei aos últimos três casos, quando falo da coexistência de outros pontos de vista no material clínico.

A este propósito, poderia afirmar sem problemas que nos três exemplos – em *après-coup* – eu pude reencontrar a matriz do que havia acontecido na sessão no mundo interno e na história dos três pacientes, e penso que esta observação seja ao mesmo tempo completamente e parcialmente verdadeira... No caso da "fralda encharcada", a mãe de Francesco tinha tido três filhos, um atrás do outro e, necessariamente, deve ter sido uma mãe "tão encharcada" a ponto de nunca estar disponível.

No caso de Clara, tenho certeza de que a "voz na secretária eletrônica" deve ser considerada um depósito criado em minha mente durante as sessões anteriores, uma espécie de antigo sofrimento em busca de "pensador" e pelo qual me sinto responsável, aquela mesma responsabilidade que, na história de Marcella, remete a uma mãe jovem demais e pouco atenta às necessidades da sua criança.

Finalmente, no caso de Igea, a *pollution* pode nos fazer pensar nas experiências traumáticas da sua história infantil, que encontram uma forma de chegar a habitar a análise.

Mas eu não gostaria de ter somente essa visão "pacificadora", na qual a *rêverie* invertida do analista é sempre a consequência das identificações projetivas do paciente ou da evacuação, por meio dela, dos elementos β, ou ainda – como diria um kleiniano – dos seus "ataques" contra seus bons objetos. Gostaria de postular que – para além do uso em *après-coup* que podemos fazer de tudo o que concerne o campo analítico como remetendo ao mundo interno e à história do paciente – pode haver uma *rêverie* invertida do analista, que o paciente é capaz de sinalizar e frequentemente de "curar". O fato de que esses momentos de *rêverie* invertida possam ser úteis para conseguir, depois, "reativar" experiências traumáticas do paciente não significa que devemos renunciar à possibilidade de aprofundar o estudo dos momentos nos quais o pensamento do analista – por razões que não têm nada a ver com o paciente – pode estar em (–K), estar em (PS) ou dar lugar a uma nova *rêverie* invertida.

Há um belo conto de Karen Blixen (1937), intitulado *A estrada da vida*, no qual a autora narra sobre quando era pequena e lhe contavam uma fábula construindo também segmentos de um desenho animado. A história era a de um homem acordado por um terrível barulho, causado pelo rompimento das margens de um lago, do qual saíam água e peixes. Depois de ter repetidamente tropeçado e caminhado no escuro, o homem consertou o rombo e voltou para a cama. De manhã, com a luz, percebeu que com o seu ir e vir, com o seu tropeçar e cair, suas pegadas haviam desenhado no chão a figura de uma cegonha.

Uma reflexão *a posteriori* nos permite organizar os fatos do relato, dando-nos um sentido completo (como nas histórias dos três pacientes). Gostaria, porém, que a imagem da cegonha não fechasse demais o significado, mas pudesse abrir, como é a sua natureza, em direção a novos nascimentos e a novos desenvolvimentos: tudo depende do tratamento que reservamos à cegonha, se a matamos para ver o que traz ou se a deixamos voar com a confiança de novos nascimentos, ainda que aquilo que traz na cesta possa talvez ser inquietante, como uma reflexão sobre o mau funcionamento do aparato psíquico do analista.

Gostaria de concluir propondo refletir como existe, então, *um lugar da formação da imagem* (o elemento α) e daquela *função que a cria* (função α) com toda a preciosidade desse nível. Mas – sempre seguindo Bion – devemos postular também a existência de um segundo nível, aquele que Bion chama de "aparato para pensar os pensamentos", constituído pela oscilação PS↔D com angústias e defesas relacionadas, da relação em contínua evolução transformadora entre ♀ e ♂ e, eu acrescentaria, entre "capacidades negativas" (suspensão de significado) e "fato selecionado" (dotação de significado). Estes últimos são os lugares nos quais as imagens são tecidas em histórias e em "história".

Uma imagem ajuda a esclarecer aquilo que acontece: o paciente chega com uma garrafinha de tinta (suas angústias, suas protoemoções: em *gíria*, seus elementos β), que regularmente despeja sobre aquele papel absorvente especial que é a mente do analista; digo especial porque absorve, mas permanece ensopado, e a esse "ensopado" têm acesso as penas narrativas de analista e paciente para transformar em histórias, relatos, construções, o que urgia em forma de mancha de tinta. Aquilo que "sujava" torna-se assim pensável, narrável, compartilhável. As microtransformações da sessão tornam-se progressivamente transformações significativas dos objetos internos e contínua reescrita da história. É claro que a mente do analista, nesses processos, não pode ser senão uma variável do campo:

a) porque cada dia funciona de forma diferente, porque a função α do analista e o seu "aparato para pensar os pensamentos" não têm que se haver somente com o que "provém" do paciente: podem existir diferentes graus de disponibilidade profunda da mente do analista (ainda que uma análise suficientemente boa do analista devesse lhe permitir um regime "médio" de bom funcionamento) dependendo do que lhe provém de outras situações emocionais significativas;

b) porque aquilo que provém do paciente pode superar as capacidades de assimilação e transformação do analista, o qual pode ser invadido em maior ou menor grau: isso faz parte das regras do jogo psicanalítico.

Haveria, ainda, reflexões referentes ao *terceiro lugar fundamental* do funcionamento da mente humana: a famosa via régia, isto é, o sonho. O sonho da noite difere muito do elemento α, na medida em que aquele é o resultado de uma função de escolha, de filtragem (ressonhação) daquilo que foi continuamente "filmado", alfabetizado e conservado durante a vigília (Quinodoz, 2001). Neste ponto, é como se, no fim do dia, dispuséssemos de uma grande quantidade de elementos α estocados de forma variada. Podemos fazer, a partir daí, dois percursos: aquele, na carência de registros sensoriais significativos, de uma metafunção α que opere sobre os elementos α fazendo um mosaico narrativo sincrético dos fatos emocionalmente salientes; ou então a hipótese de que, assim como existe um "aparato para pensar os pensamentos" (Bion, 1962) que opera na vigília sobre os pensamentos, uma vez que estes estejam formados a partir dos elementos α ("aparato" descrito por Bion como formado por ♀♂ e PS↔D), exista um "aparato para sonhar os sonhos" que opera em uma espécie de segundo nível sobre os estoques de todos os elementos α para fornecer, com base em critérios de urgência, uma narração figurativa que dê sentido às experiências.

Eu chamaria esse "aparato para sonhar os sonhos", que necessariamente se origina nos elementos α recolhidos, de "capacidade narrativa da mente no sonho", uma espécie de função de direção em relação ao trabalho igualmente criativo, mas, instante após instante, do operador de câmera que forma elementos α. Neste ponto, creio que apareça claramente como muito do nosso trabalho se desenvolve a partir do material, de qualquer forma muito criativo, que nos é oferecido pelo paciente: elementos α, derivados narrativos dos elementos α na vigília, direções altamente sofisticadas dos elementos α, isto é, sonhos. Trabalhamos também com turbulências emocionais, elementos β, mentiras e pensamentos evacuados.

5. Sonho de vigília e narrações

Neste capítulo, assim como fiz no anterior, volto a aprofundar alguns dos temas que estiveram e ainda estão no centro de meu interesse teórico-clínico:

- o sonho da vigília;
- as microtransformações na sessão;
- as modalidades de compreender os personagens na sessão.

Bion, já em 1959, escrevia que o trabalho onírico que conhecemos é somente um pequeno aspecto do verdadeiro sonhar: esse é um processo contínuo que pertence à vida de vigília, ainda que frequentemente não possa ser observado. Enquanto Freud, com o termo "trabalho onírico", queria significar o fato de que o material inconsciente – que, de outra forma, seria compreensível – era transformado em sonho e que era necessário desfazer o trabalho onírico para permitir que o conteúdo do sonho, agora incompreensível, voltasse a ser compreensível (Freud, 1932), Bion, ao contrário, queria significar que o material consciente necessita ser submetido ao trabalho-do-sonho para que se torne adequado ao armazenamento e à seleção e adequado para a transformação de PS para D.

Bion continua (1965), afirmando que o sonho parece ter, na vida mental, um papel semelhante ao dos processos digestivos.

O segundo ponto (o das microtransformações na sessão) está no centro da atenção de Bion (1965) já em *Transformações*, e continuará a ser um "foco" de seu interesse em todos os seminários brasileiros, retornando de forma precisa em um de seus últimos escritos, *On Evidence*, no qual a questão de "como se comunicar com um paciente" é um dos pontos-chave: é necessária uma espécie de protossensibilidade do analista a propósito de como ele "sente" que o paciente "ouviu" a interpretação, e é aqui que a capacidade de sintonização em relação à "micrometria" da sessão se torna fundamental.

Somente *a posteriori* me dei conta de quanto devo ao pensamento de Bion em relação à questão dos "personagens" na sessão (Ferro, 1992a, 1992b, 1996c, 1997, 1999a); eu acreditava ter sido inspirado pelo meu interesse nos recentes desenvolvimentos da narratologia – o que também é verdade –, mas, com certeza, me inspirei amplamente em Bion, no autor daquele milagre que é *Memória do futuro*, em que é possível ler, nas entrelinhas, seu diálogo com a mente de Freud (Baruzzi, 1998), tudo em forma narrativo--dialógica (que não pode deixar de lembrar a obra-prima literária de Joyce, *Finnegans Wake*), em que aparecem Bion, eu mesmo, capitão Bion, Albert Estegossauro, Adolf Tiranossauro, pré-natais, pós-natais etc.

No fundo, em relação a Bion, percebo que aconteceu comigo o que Green (1998) descreve como essencial em relação à obra de Freud: "une connaissance approfondie" da sua teoria "sans souci d'orthodoxie aucune mais pour chercher ... les sources des pistes dans lesquelles il n'a pu s'engager lui-même très avant, mais qui continuent à nous servir de repères précieux".[1]

Mas prossigamos por ordem, retomando, com algumas modificações, o que já mencionei no capítulo anterior. Bion nos fornece um modelo de mente simples e tal que nos permite contínuas expansões, nos oferecendo os instrumentos pelos quais podemos pensar, sem que ele nos diga o que devemos pensar, e esses instrumentos alargam continuamente o campo que exploram. Desses, o mais importante é o conceito de *rêverie*, que pressupõe a existência de uma contínua troca emocional no interior da dupla analítica, na qual protoemoções, protossensações – elementos β – são evacuados e acolhidos por uma mente capaz de transformá-los e devolvê-los elaborados, junto com o "método" para realizar tal operação. Isso implica a transformação dos elementos β em elementos α, e também na projeção e na introjeção da função α (isto é, do método). Outro ponto-chave é, como eu dizia no início, postular a existência de um pensamento onírico (formado pela sequência de elementos α) também na vigília. Portanto, o discurso do sonho se alarga enormemente: há um onírico na vigília e um onírico no sono. O onírico de vigília é um processo que acontece continuamente, e isso nos dá uma justificativa, inclusive teórica, para a observação de que, de um certo ponto de vista, o paciente narra na sessão o que acontece na própria sessão. O pensamento onírico de vigília permanece inatingível para nós, a não ser pela *rêverie* (aquelas fantasias vivas, sonhos de olhos abertos, que às vezes a mente do analista produz a partir das identificações projetivas do paciente) e pelos assim chamados *flashes* visuais (nos quais um fotograma da película do pensamento onírico, sempre em formação,

---

1 "Um conhecimento profundo de sua teoria sem nenhuma preocupação de ortodoxia, mas para procurar . . . as fontes das pistas nas quais ele mesmo não pôde então se engajar, mas que continuam a nos servir como orientações preciosas" [N.T.].

é projetado e "visto" no exterior). Podemos, ao contrário, conhecer os "derivados narrativos" dessa película de elementos α.

Portanto, o narrativo é uma derivação comunicativa, com graus mínimos ou máximos de distorção, do que continuamente é "pictografado" pela mente em tempo real.

Temos, então, dois *loci* distintos no estudo da mente e da mente em relação, como acontece na sala de análise:

- a formação do elemento α, do pictograma originário e que não podemos conhecer;

- os derivados narrativos – de certa forma obrigados, ainda que com graus diversos de deformação – que podem tomar caminhos e gêneros literários muito diferentes.

Se, por exemplo, as protoemoções, as turbulências sensoriais ou emocionais, eventualmente também devidas a uma interpretação do analista, remetem a uma vivência de dor insustentável, raiva, vingança, poderíamos ter a formação dos seguintes elementos α:

Criança que chora	Furacão	Homem que atira

Esses elementos permaneceriam em si inatingíveis, mas poderiam ser conhecidos em seus derivados narrativos.

- *Por meio de uma lembrança de infância:* "Lembro-me da dor que o médico me infligiu quando tirou minhas amígdalas, da fúria que senti dentro de mim e do tapa que lhe dei logo que me libertaram as mãos". Ou então: "Lembro-me de que, quando era criança, me fizeram sair sangue do nariz; eu fiquei com tanta raiva que furei os quatro pneus daquele menino bobo".

- *Por meio do relato de um fato externo:* "Um rapaz, quando seu cachorro foi atropelado por um motorista que corria, foi atrás dele com a moto e, quando o alcançou, o esmurrou".

- *Por meio de um relato sexual:* "O meu namorado pretendeu ter relações comigo de forma tão bruta, sem aviso prévio, que eu não quis mais vê-lo por uma semana e joguei seus presentes pela janela".

- *Por meio do relato de um filme:* "Vi um filme no qual raptavam uma criança e o pai estava tão sofrido e furioso que, em vez de se submeter à opressão, perseguia e conseguia derrotar todo o bando".

- *Por meio de um sonho:* "Sonhei que bandidos irrompiam em uma pacífica tribo indígena, destruindo tudo, mas os guerreiros, ao voltar, cheios de raiva, iam atrás dos bandidos e faziam uma chacina".

Nessa ótica, um sonho poderia ser *também* um derivado narrativo dos elementos α do momento. Voltemos às implicações dessa forma de pensar em relação *ao sonho da noite.*

É possível que, quando estamos adormecidos, estando as estimulações reduzidas ao mínimo, a função α possa trabalhar sobre os próprios conteúdos e operar um segundo nível de elaboração sobre elementos α "estocados" durante o dia. Estes últimos vão se somar ao imenso estoque de elementos α não utilizados (aquela contínua fonte de estímulos que são os "fatos não digeridos", conforme Bion, 1962). Assim, se realizaria uma espécie de "ruminação" daquilo que ainda necessita ser ulteriormente "digerido".

Outro ponto de vista poderia ser o de postular a existência, ao lado do "aparelho para pensar os pensamentos", de um "aparelho para sonhar os sonhos". Usarei a metáfora do operador de câmera e do montador-diretor para falar do sonho da noite. O operador de câmera filmou o dia todo (elementos α), e durante a noite entra em jogo uma função de montagem-direção que junta as sequências de elementos α. Há duas criações de poesia: a primeira, a meu ver mais complexa e genial, é, portanto, a formação de cada um dos elementos α – quando o protoemocional e o protossensorial são transformados em imagens (uma outra metáfora poderia ser a do pintor com uma tela). A segunda corresponde ao momento em que as telas são colocadas em sequência (somente algumas, outras são postas de lado) e é organizada "a exposição", isto é, o sonho da noite.

Esses momentos poéticos podem ser "assassinados" pela interpretação-decodificação do sonho segundo uma determinada técnica ou grade de leitura; por outro lado, podem ser valorizados por uma *rêverie*, leitura sonhante que permite uma progressiva expansão de sentido. É como se, estando diante de uma pipa, tivéssemos duas opções: a primeira, ver como é feita e, portanto, "desmontá-la" (um ataque à criatividade); a segunda, fazê-la voar (Duparc, 1998; Guignard, 1997b).

Naturalmente, enquanto a pipa voa, é possível descrever suas evoluções, suas peculiaridades, sua cor e outras características.

Em relação ao sonho, deveríamos considerar, em primeiro lugar, o *acender da rêverie* que suscita em nós (clínicos); depois, se, naquele dia, estamos em boas condições de contato com nosso pensamento onírico de vigília; então, podemos ser auxiliados pelo que o paciente nos diz "do" e "em torno do" sonho (isto é, suas *rêveries* sobre o sonho) e podemos incentivar o paciente nessa operação de "ressonhação" em tempo real. Devemos esquecer tudo aquilo que pertence ao nosso saber de "escola", que precisa ser completamente zerado para, caso aflore, ser então novamente sonhado como experiência nova e imprevista.

Agora, gostaria de me deslocar para o outro nível, aquele especificamente narrativo (enquanto, no primeiro, está envolvida a função α, aquela capacidade da mente humana de formar pictogramas emocionais – os elementos α –, o resultado da função α). Segundo Bion, é o nível que se refere "ao aparelho para pensar os pensamentos", fornecido pela oscilação PS↔D da relação ♀ e ♂ e da oscilação entre "capacidades negativas" e "fato selecionado". A oscilação PS↔D se dá pela capacidade da mente de tolerar, de um lado, a fragmentação, a abertura de sentido, a indeterminação, e, de outro, o fechamento de sentido, a cesura. Bion (1962) fala do desenvolvimento de continente ♀ como a situação na qual são tecidos os fios que podem ser constituídos pelas emoções, que depois podem "acolher" os conteúdos.

Creio que esse processo coincida com a capacidade do analista de uma relativa renúncia interpretativa, que permite o surgimento do "clima" propício para que os conteúdos (♂) possam brotar de forma adequada.

Sem um desenvolvimento de ♀, não há um "lugar" no qual conter os ♂; "eu precisaria agora de uma rede que pudesse conter as minhas emoções" são as palavras de um paciente após um sonho no qual ursos acordavam depois de uma longa hibernação. A oscilação entre capacidades negativas e fato selecionado é semelhante àquela de PS↔D. Ao mesmo tempo, as capacidades negativas (Bion, 1963; Green, 1993) – tolerar a dúvida e a abertura de sentido sem persecutoriedade – são o prenúncio do desenvolvimento de ♀, enquanto o "fato selecionado" (a interpretação que satura construtivamente o sentido) é inseparável do formar-se do ♂.

A turbulência emocional – que irrompe na sala de análise a partir dos "fatos não digeridos" da história (acúmulo de elementos β) que estão depositados no mundo interno – encontra na função α a possibilidade de uma primeira tessitura (elementos α) e, sucessivamente, de transformação narrativa.

Há pacientes, especialmente aqueles com patologia narcísica, que não toleram a explicitação de um saber do analista. Uma paciente, após uma sessão na qual eu havia feito explicitações de conteúdo, inicia a sessão seguinte contando que o marido lhe havia imposto uma relação anal, e que isso a tinha humilhado e a feito chorar (penso também na maneira como a paciente sentiu minha proposta interpretativa: como um "abuso" humilhante). Assim, após uma sessão com outras explicitações relacionais, ela refere-se "aos telefonemas cheios de injúrias que o marido lhe fez"; então, não posso deixar de estabelecer uma "sintonia" narrativa, na qual as operações de dotação de significado acontecem de forma compartilhada, respeitando o texto manifesto da paciente, sem intervenções que lacerem um continente ainda não adequado e disponível para acolher "interpretações" percebidas como intrusivas e violentas.

Dessa forma, permaneço no texto do "filho que vai ficar sozinho nas férias e está angustiado" (renunciando a interpretar a angústia de separação pelas férias), mas captando "a angústia da criança em ficar sozinha, sem os pais". Fico na dor que a paciente sente por causa do marido que não quer sair de férias com ela (interpretando somente a dor de quando não nos sentimos amados) e deixo à narração compartilhada a possibilidade de um discurso centrípeto, mas em espiral larga, que parta dos "narremas" da paciente e vá até progressivas aproximações emocionais. Aparece assim o amigo Carlo, doce, capaz de ouvi-la e consolá-la nas horas difíceis, e que, assim, a ajuda também – não fazendo com que se sinta perseguida – a pensar mais profundamente. O relato é, portanto, uma grande metáfora... um processo de metamorfose. Narra sempre a mudança, a transformação das figuras que se modificam, cancelando os próprios contornos.

Um paciente hipocondríaco, após algumas sessões, já sonhava que seu tumor, parecido com um bulbo, era colocado em um vaso, no qual, encontrando a temperatura e a umidade certas, começava a brotar, e nascia uma planta muito ramificada, que continuava a gerar novos ramos. A angústia inexprimível do paciente (tumor--acúmulo de elementos β) encontrando uma capacidade assimiladora/metabólica/transformadora do analista transforma-se em uma narração de ansiedades, medos, terrores que começam a se tornar pensáveis.

Gostaria, agora, de utilizar uma vinheta clínica para renarrar, visualmente, a "teoria".

Exercitações clínicas

Com Camilla, atraso um pouco para abrir a porta do consultório. Logo ao entrar, ela diz que telefonara ao marido para lhe dizer que o remédio que ele lhe tinha dado havia feito bem, mas, tendo o marido respondido ao telefone de maneira fria, como se estivesse pensando em outra coisa, ela se sentira ferida e não havia lhe dito nada.

Fico tentado a fazer uma interpretação de transferência explícita, que seria bastante evidente: que talvez ela quisesse me dizer algo importante, mas, com meu atraso ao abrir, acabei a ferindo e ela perdeu a vontade. Entretanto, renuncio, sabendo que explicitações de sentido tão diretas e unívocas só têm o efeito de irritar Camilla. E faço uma intervenção não saturada, dizendo que é doloroso quando os maridos não estão disponíveis como gostaríamos (nesse meio-tempo, me vejo pensando em um amigo meu que tinha tido um acidente em um barco, depois penso que, havia poucos dias, eu havia comunicado a Camilla que estaria ausente por uma semana e que isso havia causado uma série de reações psicossomáticas, com a negação de qualquer implicação emocional em relação à ausência que eu havia anunciado. Mas depois, inesperadamente, no dia anterior, tínhamos conseguido falar do mal-estar que ela exprimia com o corpo, em vez de com emoções visíveis. E penso que esse foi o "remédio" que lhe fez bem).

Nesse ponto, digo: "Mas, às vezes, os maridos podem parecer não estar disponíveis porque estão ocupados com uma outra coisa; podem estar, não sei, arrumando". De fato, eu tinha tardado a abrir a porta porque estava arrumando as cadeiras na sala de espera, onde eu, na noite anterior, havia recebido um grupo e não havia tido tempo de arrumar.

Camilla parece voltar a ficar de bom humor e diz: "*Arrumar* é a palavra mágica, era isso que eu queria lhe dizer, o sonho desta noite. Depois você se atrasou para abrir a porta, então eu disse a mim mesma: '*Ele não se interessa por mim, tem outras coisas na mente; então, agora, eu não vou contar o sonho para ele*'. Mas o fato de você ter dito esta palavra, 'arrumar', abriu novamente o caminho, o sonho de fato era este: eu chegava para ter a sessão, entrava, mas estava tudo em desordem, e depois havia, na sala de espera, uma outra pessoa, uma mulher em uma cama de casal, debaixo das cobertas, e você me afastava, dizendo que tinha de arrumar, e me dizia para voltar depois; eu estava humilhada, furiosa e sofrendo".

Agora posso interpretar o sonho em relação à ausência de uma semana que eu havia anunciado, como ela se sentia excluída e, consequentemente, ferida e com raiva, pensando que eu estaria com outra pessoa, ou que, de qualquer forma, eu teria outras coisas em mente, e posso lhe mostrar como ela fica igualmente ferida todas as vezes que, na sessão, eu lhe respondo com atraso e sem o calor que ela desejaria: nesses casos, é como se eu estivesse com outra pessoa, traindo-a e deixando-a da porta para fora. Penso que, a

partir de um problema ligado a uma inesperada separação, abre-
-se um percurso que vai desde o evidenciar de dificuldades nos
processos de luto (com consequentes somatizações) até o poder
falar das vivências antes negadas e até o sonho que metaboliza o
problema da separação, evidenciando as angústias ligadas a uma
cena primária; percurso que nos permite ver, em nosso campo bipessoal, por que qualquer "falha de correspondência emocional" a
fere tanto: justamente porque a expõe a sentimentos violentos de
ciúme, exclusão, raiva.

Proponho, agora, fazer um exercício como aqueles que Bion
recomendava após a sessão. O meu atraso em abrir a porta poderia
ter ativado uma sequência de elementos do tipo:

Oásis no deserto	Esquimó num iglu	Telefone com os fios cortados

Essa sequência seria fruto da elaboração das vivências com as
quais chegara na sessão (ter se sentido compreendida na sessão
anterior – "remédio do marido") e das novas vivências, devidas ao
meu atraso em abrir a porta (recepção fria) e às emoções que inter-
rompem a comunicação.

Nasce em mim o desejo de sair desse emaranhado, decodifi-
cando, em estilo kleiniano, sem espessura, sem *rêverie*, mas sei, por
experiência, que, para o paciente, estar em uníssono é mais importante do que uma verdade sobre ele (frequentemente –K), e hoje
estou convencido de que o desenvolvimento de ♀ passa por microexperiências de microestar em O. A minha intervenção sobre
"os maridos" possui um halo semântico deliberadamente amplo
e plural: o que ela me contou no plano manifesto, o que se refere
ao seu mundo interno, a ligação e o acasalamento na sessão. Nesse
momento, a minha função α se ativa, permitindo-me uma série de

rêveries sobre a semana de ausência que eu havia anunciado, com, por exemplo, a seguinte formação de elementos α:

Náufrago	Barco de resgate	Telefone funcionando

que são diluídos na intervenção não saturada e narrativa. Isso ativa uma "digestão" na sessão, que permite ao sonho da noite emergir. Sonho da noite que era o resultado do trabalho noturno de direção sobre todos os elementos α que tinham sido ativados pelas emoções referentes ao problema da separação de mim, de seus objetos e da sua história infantil.

A importância do sonho de vigília (da sequência de elementos) e dos seus "derivados narrativos" me parece evidente para permitir um contínuo ajuste micrométrico da sessão. Isso, naturalmente, não quer dizer que não deva haver cesuras; aliás, a cesura, a fratura da comunicação, constitui a "passagem" através da qual "os fatos não digeridos" entram na sessão e podem ser alfabetizados: o monitoramento dos derivados narrativos dos elementos nos possibilita "costurar novamente o sentido".

Para concluir, gostaria de sublinhar o fato de que existe uma constante sinalização "a partir do campo" do próprio funcionamento "do" campo. Portanto, basta saber captar essas sinalizações para poder modular nossas intervenções e permitir um desenvolvimento criativo do próprio campo. O desenvolvimento do campo não pode ser linear nem indolor, acontece por saltos e explosões imprevisíveis; creio, todavia, que uma função de *modulação* do campo seja uma das principais funções do analista, mesmo que se trate de modular um campo que é, por natureza, descontínuo.

Uma das características peculiares da situação analítica é dada pela presença de uma variável significativa, que é a mente do analista (Bion, 1983). Portanto, não é possível nenhuma reflexão "sobre o paciente" ou sobre o método que não leve em conta o fato de que a situação psicanalítica é codeterminada pela dupla paciente-analista. Dessa forma, não são instrumentos empíricos, objetivos, que podem permitir uma aproximação científica, mas é necessário captar a especificidade da situação psicanalítica. Sem querer distinguir, por enquanto, entre os vários modelos em psicanálise, me parece que uma característica comum é a de que "conteúdos não pensáveis", que se exprimem em sintomas, em sofrimento ou em comportamentos, por meio do encontro com o analista e sua mente, se transformam em emoções e pensamentos passíveis de ser descritos, havendo o desaparecimento ou a atenuação dos sintomas.

Para retomar algo mencionado no início, gostaria de reafirmar que uma ciência completamente diferente da psicanálise, mas que, por analogia, pode nos fornecer instrumentos significativos de reflexão, é, a meu ver, a narratologia. A narratologia se funda sobre os acontecimentos da intersecção entre texto e leitor (no início, focalizava o funcionamento do próprio texto), e isso com ampla margem de posições, desde as mais desconstrutivistas, que valorizam ao máximo "o poder" do leitor, até as mais respeitosas dos direitos do texto, sem negar a importância das operações subjetivas que cada leitor não pode deixar de realizar em suas estratégias de leitura (Eco, 1979, 1990).

Naturalmente, a situação psicanalítica é muito mais complexa, porque estão em jogo dois textos de dois leitores que agem sobre material vivo e em contínua reescrita e transformação (Green, 1973), e, além disso, a psicanálise é um método de tratamento do sofrimento psíquico no qual a obra de metabolização do que ficou não digerido, de experiências relacionais insatisfatórias ou traumáticas, se completa – quando as coisas funcionam – com a introjeção do método para tratar protoemoções e protopensamentos. A psicanálise não é, portanto, uma narratologia, e sim um método de tratamento pelo conhecimento e pelas transformações emocionais, mas é necessário reconhecer que os instrumentos do analista se inspiram, também, no campo investigado pela semiologia e pela narratologia em particular. Qualquer que seja o modelo do analista, abrem-se mundos que têm a ver com os protagonistas do "romance familiar", com os "objetos internos", com a "relação atual" entre analista e paciente e com os personagens que narram tudo isso. Incessante é, portanto, a obra de tessitura e retessitura narrativa que se desenvolve na análise, e esta também, segundo os modelos, faz prevalecerem interpretações mais fortes e de cesura ou então interpretações insaturadas, abertas, que se colocam como intervenções polivalentes, que permitem o desenvolvimento narrativo do tema que urge no paciente, construções ou reconstruções de cenários infantis, fantasmáticos, relacionais ou do campo grupal a dois, que ganha vida na sala de análise.

Ainda mais significativa é a forma como aquilo que ainda não foi pensado nem é pensável por meio da troca e do acolhimento de protoemoções começa a "urgir" para encontrar uma pictografatura (transformação em imagem) e, portanto, uma possibilidade de ser dito por meio de uma "narração". Em outras palavras, o "não pensável" torna-se relato compartilhável por meio de uma série de trânsitos emocionais, graças aos quais é possível dar um nome ao que antes não era representável.

Ao dar nome, desenvolve-se progressivamente, também no paciente, aquela qualidade narrativa da mente quando estamos acordados (ou sonhante na vigília ou no sono) que coincide com a introjeção da função analítica. Em certo momento, a narração compartilhada é substituída pela função ativa e estável de um narrador interno, capaz de dar nome, sentido, história ao que urgia como "grumos" sensoriais emocionais. Essas operações específicas do narrador interno têm muitos pontos em comum com o que foi indagado e sistematizado pela narratologia nestes últimos anos, a partir daquele texto fundamental que foi *Lector in fabula*, de Umberto Eco, que lançou as bases para uma semiologia de todo ato narrativo, qualquer que seja o contexto, na intersecção leitor-texto (no nosso caso, analista/paciente e/ou pensamento/pensador).

Em um de seus últimos trabalhos, Bion (1976b) lembra como André Green tinha chamado sua atenção na citação que faz de Maurice Blanchot, "*La réponse est le malheur de la question*". Isso está de acordo com a conceituação que Bion (1959) faz da psicanálise: de que ela é uma sonda que expande o campo que indaga e, consequentemente, quanto mais penetramos no inconsciente, mais trabalho nos aguarda. Isso se não quisermos que o que é "revolucionário se torne respeitável e uma barreira contra a revolução" (Bion, 1978b).

Bion afirmou muitas vezes que o pensar é uma função nova da matéria viva e, por isso, é tão complexo e difícil. Não creio que esse medo de pensar se refira somente aos pacientes; com certeza se refere também aos analistas. É por isso que, do meu ponto de vista, às vezes vemos teorizações hipersaturadas à espera somente de serem aplicadas, em vez de teorizações abertas que permitam novas aberturas de significado e novas hipóteses: pensar é doloroso, perigoso, e implica uma contínua reflexão sobre nós mesmos.

Realizada esta minha escolha de campo de um Bion não kleiniano, profundo estudioso de Freud, que faz uma cesura em relação aos modelos anteriores da mente (especialmente os de Klein), após um breve *excursus* sobre pontos que considero fundamentais, o conduzi, leitor, ao meu "laboratório de pesquisa psicanalítica", que monasticamente prevê "um paciente, um analista e um *setting*".

6. "Evidências": partir novamente de Bion

Tempos atrás – após a solicitação da *Revista da Sociedade Psicanalítica de Porto Alegre* de escrever um comentário sobre esse texto – eu retomei "On Evidence" (Bion, 1976a); já fazia muito tempo que não o relia e foi uma surpresa encontrar, ali, o Bion que eu mais amo. Em pouquíssimas e densas páginas, são tratados temas centrais do seu pensamento e lançadas muitas sementes para possíveis reflexões futuras. O trabalho começa com uma "associação livre" comunicada por um paciente em análise: "Lembro dos meus pais no topo de uma escadaria em forma de Y e eu lá embaixo . . . e . . . isso é tudo".

Naturalmente, essa comunicação possui um halo semântico muito amplo, e poderíamos fazer um "jogo psicanalítico" – justamente um dos tantos recomendados pelo próprio Bion para treinar a mente do analista para uma multiplicidade de vértices – imaginando que o paciente possa se referir à ideia de pais distantes, justamente no alto, e ele mesmo, pouco considerado, embaixo; ou poderíamos optar por uma leitura na transferência da comunicação: o analista sentido no alto – talvez idealizado – e ele embaixo, talvez temendo o desprezo; ou então pensar no Y como algo que remete a um "zíper" e, portanto, ao se formar (se abrir) ou ao se aproximar (se fechar) de uma cisão; ou pensar no Y como algo que remete a um património genético-afetivo masculino, e assim por diante. Isso depende das possíveis categorizações desse enunciado em um lugar ou outro da Grade.

Poderíamos, ainda, do ponto de vista mais próximo a mim (Ferro 1998a, 1998b, 1999c), considerar essa comunicação como um "derivado narrativo" da sequência dos elementos α produzidos pelo paciente no seu pensamento onírico de vigília e, portanto, tentar remontar às verdades emocionais que esses elementos α veiculam.

Mas não é bem isso que nos interessa, e sim como Bion trabalha sobre esse material clínico: ele faz um jogo, tem uma *rêverie* que lhe permite – por exemplo – a transformação da comunicação do paciente de um vértice visual para um vértice acústico ("uma escada em forma de Y", *Y-shaped stair → why-shaped stare*, "um olhar em forma de por quê", que obviamente se pronunciam de modo semelhante); isto é, realiza a transformação a partir de elementos α visuais para elementos α acústicos (e respectivos "derivados narrativos").

O analista Bion é capaz de se calar porque não se encontra apto a produzir "nenhuma evidência", demonstrando-nos – onde fosse necessário – a importância da capacidade negativa do próprio analista (ou seja, a capacidade de permanecer na dúvida, em uma PS sem persecutoriedade), enquanto não realiza uma nova transformação visual: "algo em forma de Y", de modo que, empurrando ou puxando no ponto de intersecção, se forme "um cone ou um seio".

Neste ponto, merece reflexão o fato de Bion se preocupar que a interpretação a ser dada ao paciente possa ser formulada pelo próprio paciente de modo a ser compreensível. E esse é um ponto a que Bion retorna frequentemente em muitos de seus seminários ("... não podemos nos lançar em uma grande explicação da biologia do tubo digestivo com um lactante ...", Bion, 1975) e que, também para mim, é central em toda comunicação feita a um paciente. Mas existe outro ponto para o qual eu gostaria de chamar atenção, que é como Bion, nas interpretações que propõe ao paciente, dá um reconhecimento e explicita um compartilhar *também* do texto manifesto do paciente. Isso constitui uma espécie de "veículo-excipiente", necessário para que "a interpretação-fator ativo" possa ser aceita pelo paciente.

A respeito desta *rêverie* de Bion e da interpretação que segue – além de ficarmos admirados pela elasticidade e pela criatividade de sua mente – poderíamos fazer nossas exercitações: por exemplo, sobre como o paciente sente a mente do analista, alternativamente receptiva (em cone), proeminente (seio), como alternativa "em retirada", "pontuda" e assim por diante. Mas Bion enfoca também o problema "econômico" (entendo-o enquanto vantajoso para o paciente): a análise pode prosseguir somente se, para o paciente, "valer a pena" voltar no dia seguinte, se fomos capazes de conservar (ou aumentar) o interesse e a curiosidade: não há, portanto, uma posição "moralista" do analista, mas um analista que aceita estar a serviço do paciente e promover um autêntico desenvolvimento, e isso não se baseando em um carisma da psicanálise e do próprio analista, mas contando com um simples e cotidiano "proveito" para o paciente. Existem ainda outros pontos que gostaria de salientar, antes de tudo aquele relativo ao "esboço visual" e ao "esboço acústico" do feto, que gostaria de ver – para além do discurso manifesto de Bion – também como uma possibilidade de ampliar a sensibilidade/receptividade do analista, já nos primeiros instantes de cada sessão, e de começarem a se formar (sessão por sessão), na mente do analista, elementos α visuais, acústicos e, naturalmente, gustativos, cinéticos e olfativos.

Tudo isso remete, naturalmente, à possibilidade do "reconhe-cimento" da mente arcaica do paciente por meio do conhecimento e do uso da mente (e de uma sensibilidade) igualmente arcaicos do analista.

Isso na convicção – perfeitamente compartilhada por mim – da permanência de vestígios arcaicos na mente de cada ser huma-no, os quais são, frequentemente, fonte de patologia todas as vezes que não encontram uma capacidade suficiente de "alfabetização". Em uma consulta, um jovem paciente, a certa altura, começou a me falar do "próprio irmão esquizofrênico" que eu imediatamente reconheci e vi nas manchas eritematosas e descamadas que expu-nha em cada parte visível de seu corpo.

Bion retorna depois ao problema central de "como se comu-nicar com um paciente", de como o analista deve forjar uma "lin-guagem própria e pessoal". Isso acendeu em mim uma lembrança a respeito de um documentário da BBC sobre um cowboy america-no, Monty Roberts, capaz de domar - sem o uso da violência - em pouquíssimo tempo qualquer cavalo, somente tendo encontrado a maneira de "se comunicar" com ele por gestos. No mesmo docu-mentário, mostravam a violência e o longo tempo necessários para domar um cavalo selvagem "com o método tradicional".

A meu ver, com essa preocupação, no fundo, Bion nos sinaliza, ou nos ajuda a derivar de suas sementes, que todo analista poderia ser um Monty Roberts capaz de se comunicar com as partes mais arcaicas da mente do paciente por meio de micro "O"s que levam ao desenvolvimento do continente (♀) e também ao desenvolvi-mento da própria função α do paciente.

A "protossensibilidade" do analista é mais uma vez solici-tada a propósito de como ele "sente" que o paciente "percebeu a interpretação", e é aqui que a capacidade de sintonia em relação à "micrometria" da sessão se torna fundamental. Não faltam, no artigo, referências a Bacon, Kant ou Platão, que eu gostaria de ver como "mitos coletivos" e, portanto, compartilháveis, que nos permitem facilmente estar em "O" em relação ao que Bion quer nos dizer sobre os movimentos de cima para baixo e de baixo para cima da Grade. O mesmo vale para a exemplificação de Picasso e a distinção entre psicossomático e somatopsíquico, como no exemplo citado sobre meu paciente.

As reflexões de Bion, no fechamento do artigo, a propósito da "infância do nosso pensamento", podem favorecer outras aberturas em relação a uma possível gênese do autismo ou de partes autísticas da mente: quando é destruída não somente a emoção intolerável, mas o próprio aparato para alfabetizar as emoções, ou seja, os esboços de uma protofunção α. Reflexões análogas sobre estados arcaicos da mente podem abrir novos caminhos de pensamento em relação ao "sentimento de culpa" e ao medo chamado por Bion de subtalâmico.

Gostaria de enfatizar como um artigo tão breve de Bion possibilita uma infinidade de observações e abre uma infinidade de percursos possíveis: sermos inspirados por Bion não significa, necessariamente, nos transformarmos em guardiões e defensores de seu pensamento, mas utilizarmos, de mão cheia, os instrumentos que ele nos deu, as sementes que espalhou para podermos andar corajosamente – sim, sobre as costas de Bion, de Klein e de Freud – pelo nosso caminho, esperando poder traçar novos caminhos, sobretudo poder abrir continentes mentais antes impensáveis e, com estes, novas perguntas, novas dúvidas, e reconhecer "emocionalmente" a enormidade do que não sabemos. Ou então, parafraseando "Making the best of a bad job" (1978a), seu último trabalho, podemos usar a autoridade de Bion como barreira para o desconhecido?

Também me perguntaram por que eu olhei tanto para Bion e se isso não poderia ser limitador. Olhei para Bion porque, para mim, em virtude de certas características suas, ele foi uma grande fonte de inspiração. Não posso deixar de destacar sua afirmação de que não podemos ser "bionianos" porque cada analista não pode ser senão ele mesmo. Eu diria que Bion me ajudou muito a encontrar minha maneira e meu estilo de ser analista, utilizando em parte a sua linguagem, seja porque me servia para pensar, seja porque considero muitas das suas formulações ainda úteis para desenvolver o pensamento.

O "meu Bion" é também um Bion que não é um desenvolvimento linear do pensamento de Klein, mas constitui uma "cesura forte" em relação ao modelo kleiniano, cesura que gera um modelo completamente novo e original; basta pensar nas diferenças profundas que existem entre fantasia inconsciente e elemento α; entre saturação e não saturação do modelo e da interpretação; a maneira diferente de entender o inconsciente; o paciente melhor colega. Mas, para esses pontos, remeto a Gaburri e Ferro (1988). Correndo o risco de me repetir em relação a temas centrais do livro, gostaria de evitar a tentação de colocar Bion e seu pensamento de um lado ou de outro (para ver a quem deve pertencer, ou de quem é o herdeiro, ou quem devem ser os herdeiros) e tentar uma operação de não celebração do "pensamento bioniano", trabalhando sobre novos horizontes aos quais as próprias conceitualizações de Bion podem nos levar, não porque ele mesmo os tenha intuído ou proposto, mas porque o seu modelo permite essa expansão e a torna possível.

Situo-me, dessa forma, em um pós-Klein e um pós-Bion, mas graças a Klein e graças a Bion.

Quero, portanto, sublinhar as expansões que o próprio pensamento de Bion permite a partir de si mesmo, às vezes de forma linear, outras vezes com verdadeiros saltos quânticos.

A *primeira* expansão se refere ao pensamento onírico de vigília e à sua centralidade na sessão. Na mente do analista, há uma contínua formação de elementos α, e podemos pensar na *rêverie* na sessão como um derivado bastante próximo do elemento α. Mas podemos pensar o mesmo em relação ao paciente. Podemos pensar aquilo que o paciente nos diz, especialmente após um forte estímulo, por exemplo, depois de uma interpretação nossa, como um *derivado narrativo* do elemento α dele. Assim, podemos "ver" o que ele nos diz como uma contínua atividade de pictografia do que acontece ou não acontece na sala, dispondo de um "sonar" que se torna um precioso instrumento de navegação.

O pensamento onírico da vigília permite, portanto, uma contínua renarração da sessão a partir de um vértice desconhecido; isso acontece por meio dos *derivados narrativos* do elemento α.

Se uma paciente, num certo momento, começa a falar de como é incompreensível para ela uma menina que, falando dos esquimós, diga que lá existe pobreza e miséria, porque, além de viverem no frio, vivem sem os tubos para construir as indústrias, está simplesmente narrando o "quadro" que ela fotografou de uma *sessão* fria, na qual não se cria nada porque faltam os pré-requisitos (os tubos: os vínculos K e L) para as trocas emocionais (desenvolvimento de $♀♂$).

Nesse ponto, considero uma *segunda* expansão. Não é mais suficiente "interpretar", é necessário "transformar". Não é suficiente interpretar o medo de um clima frio e pouco comunicativo, mas o analista necessita "transformar", trabalhando dentro de si o frio e a não comunicação, o clima, tornando-o quente e comunicativo. Pouco importa de onde vêm "o frio e a não comunicação", se da própria mente ou das identificações projetivas do paciente: a transformação do clima passa pela construção, na sessão, dos tubos necessários para as indústrias.

Postulo a necessidade da extensão do conceito de interpretação para qualquer "intervenção linguística ou não" que seja capaz de gerar transformações (Vallino Macciò, 1998; Sarno, 1994; Rocha Barros, 1994; Riolo, 1989; Nissim Momigliano, 1979; Mabilde, 1993; Lussana, 1991; Kernberg, 1996; Hautmann, 1977; Gaburri, 1987, 1992, 1997; Corrente, 1992; Cancrini, Giordo, 1995).

Por "intervenção linguística ou não" quero dizer que a transformação acontece no campo não somente quando algo é expresso de forma explícita e verbal, mas que o campo resulta modificado também por uma modificação da qualidade profunda da escuta e da disponibilidade em relação às identificações projetivas, ou melhor, turbulências emocionais, do paciente, em relação às quais, se passarmos de um estado de impermeabilidade a um estado de disponibilidade ao acolhimento e ao "contágio", geramos uma *Gestalt* completamente nova e transformada.

Mudando de perspectiva, um autor que, do meu ponto de vista, permite o uso expansivo das suas teorizações e que tem muitos pontos em comum com o "meu" Bion é o "meu" Winnicott.

Em *Colóquios terapêuticos com as crianças* (Winnicott, 1971), vemos, por exemplo, antecipado o conceito de campo, com os seus corolários de igualdade de peso da vida mental do analista (e, portanto, de seu eixo defensivo) em relação ao paciente, na estruturação daquilo que viverá no campo.

Encontramos também a ideia de que o que será desenvolvido é "uma história", ainda que em Winnicott seja um meio de diagnóstico, enquanto em Bion torna-se "qual história devemos contar" e, portanto, o desenvolvimento de todo capítulo das interpretações ao longo do eixo PS↔D (Ferro, 1996e).

No conceito de "mãe suficientemente boa", de "*holding*", encontramos aquilo que, em termos mais especificamente mentais (e de funcionamento mental), nos será dito por Bion com o conceito de *rêverie* e de presença da mente do outro, do ambiente como mente do outro e de desenvolvimentos de ♂ além de desenvolvimentos da função α.

No conceito de "área transicional" está tudo aquilo que, para Bion, se situa na linha C da Grade (mito, sonho...) e, portanto, aquilo que remete à não saturação e ao desenvolvimento de ♂ como necessitando de uma situação "adequada": a mente do outro habitada por emoções que permitem o desenvolvimento.

O "jogo" de Winnicott, em Bion, torna-se a maneira de fazer combinar e falar as teorias (ou os protagonistas da sessão), como em seu *Uma memória do futuro*.

No conceito de "verdadeiro *self* – falso *self*", encontramos temáticas não distantes daquelas de pensamento e de mentira em Bion.

No conceito de "colapso" em "O medo do colapso" (Winnicott, 1963), encontramos muitas referências ao conceito de "mudança catastrófica", de estar em O.

"O ódio na contratransferência" (Winnicott, 1947), sobre a verdade das emoções da mente do analista, que ele precisa ser capaz de tolerar, não pode deixar de nos remeter a *Atenção e interpretação* (Bion, 1972) e ao trabalho que a mente do analista precisa fazer para permitir o *insight*.

A "capacidade de estar só" de Winnicott (1958) não pode deixar de nos remeter às "capacidades negativas" de Bion. O não interpretar compulsivamente de Winnicott e o seu refletir sobre quantas mudanças ele impediu ou retardou por "sua necessidade pessoal de interpretar" não pode deixar de nos remeter aos conceitos de "não saturação", de "história" a ser contada para ser compreendido pelo paciente, de trabalho na linha C, e às qualidades que uma interpretação precisa ter para ser transformadora (expansão no campo do sentido, do mito, da paixão, conforme Bion, 1963).

Destaquei tudo isso não para achatar ou tornar híbrido o pensamento de Winnicott com o de Bion, mas tanto para mostrar a afinidade de conceitualizações, ainda que expressas em linguagens diferentes, quanto para sublinhar como, no fundo, o importante é resolver "as equações" e formar novas matemáticas, pouco importando se, depois, para pensar, usamos os "x", os "y", ou os "z". O importante é que possa existir um pensamento em contínua expansão.

7. Da tirania do superego à democracia dos afetos: o trânsito transformador na mente do analista

Breve história do superego

Sabemos que Freud, em seus trabalhos (1921, 1922, 1932), hesita entre duas posições: considerar o conceito do superego e do ideal do ego como sobrepostos ou então estabelecer uma nítida distinção entre eles. Em um de seus artigos, Leon e Rebecca Grinberg (1978) destacam a utilidade de distinguir os dois conceitos. Em Freud, o superego é descrito de forma clássica como proveniente da superação do complexo de Édipo (Freud, 1922) e sua angústia específica, como derivada do temor da castração.

Melanie Klein (1928, 1945) estudou as fases precoces da formação do superego, com suas características de severidade e de crueldade, devidas à introjeção de objetos revestidos do sadismo proveniente da projeção de impulsos sádico-orais e sádico-anais da criança. Quanto ao ideal do ego, ele provém dos objetos internos idealizados, correspondentes àqueles objetos que receberam as projeções dos sentimentos bons e das partes valorizadas do *self* da criança; e desempenha – normalmente – funções de proteção e estímulo.

Entretanto, pode existir um ideal de ego tirânico, patológico, dominador, que exige metas muito elevadas e impossíveis de atingir. Esse ideal do ego patológico expõe não somente à frustração, mas também à desvalorização do *self,* à depressão narcísica, bem como à crítica e ao castigo de um superego implacável.

Meltzer (1967, 1973) introduziu o conceito de "ideal do superego" para indicar uma relação estrutural entre ideal do ego e superego, "considerados como funções diferentes de objetos internos em uma relação dialética e evolutiva": ao superego são deixadas as funções primitivas e inibidoras, enquanto o ideal do ego representa a figura parental combinada com funções positivas e de maturação (Mancia, Meltzer, 1981).

Stefania Manfredi (1979) propõe substituir o conceito de uma ou duas estruturas por uma posição "funcionalista": considerar ideal do ego, superego e ideal do superego "funções de um objeto interno, de três objetos internos ou de qualquer objeto interno", reconhecíveis e podendo ser distinguidos entre si e das outras funções, dos outros objetos ou do mesmo objeto somente em "situação".

Essa "situação" é o processo psicanalítico entendido como um desenvolvimento não linear, mas em forma de espiral de introjeções e de "projeções", no qual o ideal do ego e o superego operam como funções dos objetos que se modificam continuamente em suas características de suavidade ou de exigência maligna, segundo as qualidades dos objetos internos dos quais eles foram exportados com as identificações projetivas e segundo o tempo que eles permaneceram, por assim dizer, no mundo interno do analista (e, eu acrescentaria, segundo as qualidades da mente do analista, que não pode ser considerada uma componente invariável do processo).

Merece um aprofundamento à parte – o que não é fácil – o pensamento de Bion sobre esse assunto, pensamento esse que oferece uma possibilidade verdadeiramente relacional de considerar o problema do superego.

O capítulo 27 de *O aprender com a experiência* é dedicado ao conceito de "vínculo K", de ♀, de ♂, e do desenvolvimento de ♂ e de ♀.

Partindo da descrição que Melanie Klein faz das identificações projetivas, Bion concebeu a ideia de um continente no qual é projetado um objeto e de um objeto, designado pelo nome de conteúdo, que pode ser projetado no continente.

Se eles estão conjugados à emoção ou permeados por ela, continente e conteúdo se transformam de uma forma que geralmente denominamos desenvolvimento. O desenvolvimento do "continente" se faz por acréscimo de "fios" que formam a trama e que são emoções (conforme eu penso, isso acontece por meio das repetidas experiências de contato íntimo: as microexperiências de estar em O). O desenvolvimento do continente é permitido pelas características do "meio" onde estão suspensos os conteúdos.

O meio mais adequado é constituído pela tolerância à dúvida sem persecutoriedade (capacidades negativas). É essencial saber quais emoções favorecem o desenvolvimento do continente.

Bion (1962) diz explicitamente que *a possibilidade de desenvolvimento do aparelho psíquico depende "das emoções flutuantes na psique"*, que constituem o conectivo onde são inseridos os elementos ♂ (ou seja, os conteúdos). A capacidade de tolerar a dúvida e a sensação de infinito constituem o conectivo essencial para o desenvolvimento de vínculo que conduza ao conhecimento (K). Em outros termos, é fundamental a qualidade das emoções que impregnam a mente da mãe (ou do analista) quando recebe as projeções (melhor dizendo, as identificações projetivas). A capacidade e a qualidade da *rêverie* materna (e do analista) estruturam todo o desenvolvimento mental futuro e, portanto, também o desenvolvimento de um superego maduro.

Em seguida, Bion dá um exemplo do que aconteceria se, em lugar de emoções positivas, a mente que recebe estivesse invadida pela inveja (ou seja, se houvesse uma *rêverie* invertida). Nessa situação (–K), haveria a sensação de um seio que subtrai os elementos bons projetados pela criança e a criança, assim despojada, seria vítima de um terror sem nome.

Ele define essa situação, oposta à de conhecimento e de desenvolvimento, como –(♀♂), que constitui um "tipo particular de superego", ou seja, um objeto superior que afirma sua superioridade considerando tudo errado: é sua característica o ódio por cada novo desenvolvimento da personalidade como se se tratasse de um rival a ser destruído. Eu penso que –(♀♂) tem muitas das características em comum com o que recentemente Edna O'Shaughnessy (1999) chamou de superego anormal. O objeto invejoso –(♀♂) implica a tentativa de conservar – como se se tratasse de uma capacidade essencial – o poder de suscitar culpa. Naturalmente, tudo isso pode ser visto como algo que pertence ao paciente, que pertenceu à mãe, mas eu creio que poderia também pertencer ao analista. Essa configuração –(♀♂) destrói o conhecimento em vez de promovê-lo, afirma a superioridade moral e o poder superior da ignorância; a ideia original nova é despojada de seu valor e nos sentimos desvalorizados por ela. Eu creio que, cada vez que um analista trabalha com um modelo hipersaturado ou que ele tem a mente fechada ao novo, ele corre esse risco.

Uma paciente diz: "É muito diferente ir fazer compras com minha mãe, que não larga do meu pé, que não me deixa respirar, que quer decidir por mim o que fica bem em mim, do que ir com minha sogra, que confia no meu gosto e no meu senso crítico e que me deixa livre para escolher".

Naturalmente, a paciente fala de um fato real externo, certamente fala de dois objetos internos diferentes, mas é – a meu ver – inegável que ela descreve também dois estilos de interpretação do analista, um mais saturado e impositivo, o outro mais aberto e respeitoso.

É evidente que isso introduz um grande problema de técnica, ou seja, se essas duas modalidades devem ser interpretadas de forma exaustiva na transferência ou, então, se o analista pode "tolerar" aprender com o paciente o estilo interpretativo mais adequado "àquele" paciente "naquele" momento e realizar uma transformação em seu próprio estilo e na sua postura interpretativa, que depois se torna uma transformação do próprio superego analítico e do superego do campo relacional que reúne analista e paciente.

Então, creio que isso que nós chamamos de estruturas não são coisas em si, mas funções ou, pelo menos, "estruturas de geometria variável" que dependem muito das qualidades de *rêverie* ou *rêverie* invertida do outro com o qual se está em relação. Eu não daria por certo que a mente do outro seja sempre automaticamente receptiva e disponível, creio que, algumas vezes, pode se tratar de uma disponibilidade "*trompe-l'oeil*", sem espessura.

Com Claudia, há um personagem que retorna sempre, "madre Romina"; que deixa as crianças literalmente loucas, atormentando-as, criticando-as, semeando desespero e angústia sem razão: esse personagem aparece quando a minha atividade interpretativa – que, para mim, parece exata – é, ao contrário, ameaçadora para a paciente, uma *overdose* em relação às suas capacidades de absorção-metabolização.

Se eu interpreto nesse sentido, a perseguição aumenta ainda mais, mas é suficiente que eu dê mais espaço, que eu interprete de forma mais tolerável, menos saturada, que a "madre Romina" sai de cena e é substituída pela "nova professora", uma pessoa madura e compreensiva com as crianças, ainda que muito empenhada em fazê-las trabalhar.

Podemos dizer que o superego – e, naturalmente, o mesmo vale para o ideal do ego –, pode ser pensado como uma qualidade do funcionamento mental do paciente que varia com as variações do funcionamento da mente do analista.

O superego deve ser "assumido" pelo analista e transformado na mente deste, também por meio da capacidade de modulação interpretativa. Creio que é particularmente importante não tomar como estruturas do paciente o que geralmente são artefatos causados por um *pressing* interpretativo, ainda que, para o analista, seja mais cômodo pensar em termos de "estruturas" e de "problemas" *do* paciente.

Reflexões atuais

Antes de apresentar o material clínico, gostaria de propor algumas reflexões que decorrem do que eu tentei resumir do pensamento de Bion, um Bion compreendido em uma acepção fortemente relacional e que faz do encontro com o outro a pedra angular da sua forma de pensar (Borgogno, 1999), por meio daquela expansão do onírico também no estado de vigília (a função α) constantemente chamada para metabolizar as aferências "senso-perceptivas" (elementos β): o êxito ou fracasso dessa operação é sempre relatado em tomada direta pelo paciente, se soubermos escutá-lo (Ferro, 1999a, 1999c).

- Não é possível falar do paciente senão do paciente com seu analista e do modelo teórico destes.

- Uma visão da "estrutura" do paciente e do seu mundo interno é certamente possível, mas eu penso que aquilo que é intrapsíquico não pode deixar de se tornar relacional, uma vez que tenha se iniciado a simples fantasia de uma análise.

- A mente e o olhar do analista não são invariáveis/invariantes do campo, mas participam ativamente da construção do campo emocional, linguístico, semântico que se estrutura com o paciente. A mente do analista é uma variável não somente por aquilo que "ele recebe do paciente", mas também por características e oscilações próprias.

- A análise avança oscilando continuamente entre a transferência (como repetição e como fantasmatização) e a relação, essa coisa original e transformadora que, nascendo "dos fatos não digeridos" (Bion, 1962) (elementos β), encontra a possibilidade de ser alfabetizada em emoções e pensamentos.

- As identificações projetivas, como PS, são o motor da análise, no sentido de que, além das palavras, há um fluxo contínuo de elementos β, de pequenas quantidades de identificações projetivas que normalmente viajam do paciente em direção ao analista e que são continuamente transformadas nos elementos protovisuais do pensamento (elementos α; pensamento onírico da vigília).

- Não creio que o único instrumento do analista sejam as interpretações saturadas, de transferência e de conteúdo, aquelas que Guignard (1997a, 1997b) chamou de "interpretações-tampão"; mas que, ao lado destas, é fundamental que haja as interpretações "na" transferência, e todas aquelas intervenções, abertas, não saturadas, narrativas, que eu chamei de "interpretações fracas" ou interpretações narrativas (Ambrosiano, 1997; Andrade de Azevedo, 1996; Badoni, 1997; De Leon de Bernardi, 1988; Eizirik, 1996; Fonagy et al., 1995; Gibeault, 1991).

- Por longos períodos ou em momentos particulares da análise, partilhar a vivência é mais importante que a elucidação/decodificação do conteúdo. É a capacidade de uníssono, ligada às capacidades negativas do analista, que permite o desenvolvimento de ♀ (Bianchedi, 1995; Bolognini, 1997; Bonaminio, 1993).

- Os personagens que ganham vida durante a sessão, segundo o vértice pelo qual os vemos, remetem a personagens reais do romance familiar, a personagens-objetos internos do mundo fantasmático, a nós narrativos sincréticos que falam das vicissitudes do "aqui e agora". Com frequência, analista e paciente, para se comunicarem, encontram-se na condição de "dois autores em busca de personagens".

- A expansão do onírico, também no estado de vigília (o "pensamento onírico da vigília"), é, a meu ver, a mais importante conceituação que devemos a Bion; e ele nos fornece, permanentemente, por meio de seus derivados, por meio da germinação das imagens na sessão, as coordenadas climáticas (temperatura, calor, turbulências) do campo atual (Corrao, 1981, 1991). Se soubermos escutá-lo, é um precioso indicador do funcionamento da dupla analítica.

- Com Bion, eu sempre considero o paciente como o melhor colega de que nós podemos dispor.

- Eu gostaria de pensar no superego como um modelo de funcionamento da mente, útil para compreender os fatos clínicos.

- Decorre da teorização de Bion que, na origem de um superego muito rígido, há um funcionamento defeituoso das funções de *rêverie*; isso implica que restaram numerosas protoemoções não metabolizadas. Se o defeito de *rêverie* é extremo (chegando à inversão), temos a formação daquilo que Bion chama de $-(\female\male)$. Nesses casos, é preciso que sejam "feitas" na sessão todas as operações mentais que "na época" fracassaram.

Naturalmente, as mesmas considerações valem para o binômio idealização/perseguição.

- Portanto, o que me interessa é ver o que há na origem do superego ou do ideal de ego primitivos, quais fracassos relacionais encontramos ali; em seguida, mostrar como o que é intrapsíquico se torna relacional e, portanto, mostrar o quanto, nesse ponto, tornam-se fundamentais o olhar e o trânsito na mente do analista, a qualidade de seu funcionamento mental, as emoções que se encontram na sua mente para cada possível transformação de amadurecimento do paciente (Di Chiara, 1985, 1992, 1997).

Prossigo agora com três sequências clínicas. A primeira mostra as transformações que ocorrem, no interior de uma sessão, no nível do superego, conforme a interação da mente do analista e do paciente. Trata-se de microtransformações instáveis e reversíveis que são, contudo, as precursoras de possibilidades de transformações ulteriores.

A segunda considera a evolução do superego em um período mais longo, no qual é possível ver as transformações relativamente estabilizadas.

A terceira evidencia as mudanças em um longo período de trabalho analítico, com transformações que se tornam estáveis e irreversíveis e que são o precipitado das microtransformações no aqui e agora de cada sessão e de suas estabilizações progressivas no tempo.

Microtransformações na sessão

Daniela é uma paciente cuja análise já está muito avançada. Ela chega à sessão de quinta-feira – entre dois períodos de feriados, o de Páscoa e o de 1° de maio – anunciando logo, de forma muito ansiosa, preocupada, que não trouxe o dinheiro (trata-se realmente da última sessão do mês): como sua casa está em reforma, ela se mudou, com o marido e os filhos, para a casa de seus pais em uma pequena cidade vizinha e não conseguiu pegar o dinheiro para os honorários.

Em seguida, conta três sonhos: no primeiro, era abraçada por Aurelio, uma velha paixão que, no passado, a havia rejeitado; era um gesto caloroso e acolhedor, ela se sentia finalmente desejada e aceita. No segundo, havia duas crianças que estavam sendo penteadas de forma inadequada por duas mães pouco confiáveis, ela tentava levar as crianças com ela, mas elas queriam ficar com suas mães; ela sofria percebendo que essas mães eram inadequadas. No terceiro sonho, ela conseguia, após muitas peripécias, alcançar a cidade onde faz análise e que fica a uma grande distância do lugar onde ela mora.

Ela comenta os sonhos dizendo que o primeiro é muito importante, é um sentimento novo, de se sentir desejada, aceita, de estar bem assim como ela é. O segundo sonho a faz pensar em crianças que se afeiçoam a pessoas que as maltratam, ela queria levá-las com ela, mas elas permaneciam presas, ligadas a algo de antigo. O terceiro sonho remete às dificuldades de organização que ela precisou enfrentar para conseguir vir de mais longe que o habitual, tudo que ela precisou organizar e a satisfação de ter conseguido.

Eu intervenho, dizendo que Aurelio poderia personificar a maneira de ela se sentir verdadeiramente acolhida e aceita por mim, mas que, ao mesmo tempo, ela poderia pensar em mim como uma mãe que a maltrata...

Ela me interrompe, dizendo que certamente é assim no que concerne Aurelio, mas, para o segundo sonho, ela pensa que está muito mais ligado à experiência de sua primeira análise e às relações com sua própria mãe; relações em que sempre era apontado o que não estava bem, o quanto ela era malvada, inadequada, e sente que ainda está ligada – justamente como aquelas crianças àquelas mães – a essa maneira de pensar sobre si mesma, embora quisesse poder mudar seu ponto de vista sobre si mesma e sua maldade. Ela se pergunta também se eu vejo algumas maldades e não lhe digo, ou se eu não as considero maldades.

Nesse ponto, eu lhe pergunto: "Mas, a propósito do atraso do pagamento, quais são as coisas malvadas que nós poderíamos pensar sobre você? Quando me falava sobre isso, você me parecia preocupada".

"Bem, não é difícil: que o atraso do pagamento é um ataque à análise, que exprime o desprezo ou a desvalorização do que você faz por mim, uma forma de negar o reconhecimento, que destrói nossa relação."

"Bem", eu lhe digo, "esse seria um ponto de vista unívoco sobre você mesma, que não levaria em conta o esforço que você teve que fazer para vir, tudo o que você precisou organizar para tomarem conta de seus filhos, todos os quilômetros percorridos; que tenha havido em você uma pequena parte que sentiu o cansaço, a ambivalência dessa viagem, e que você tenha descoberto esse compromisso de vir e depois de retardar o pagamento, não me parece, no fundo, muito grave: no fundo, Aurelio deve abraçá-la toda, com seu desejo de vir e seu desejo de ficar em casa, com o fato de que você veio com a condição de me fazer pagar um pequeno tributo pelo atraso. Mas, no fundo, você conseguiu vir e sem muito prejuízo".

"Mas, para mim, este é um jeito novo de pensar, e eu gostaria que isso me pertencesse cada vez mais, mesmo que certos aspectos meus ainda estejam ligados à ideia da falta e das minhas maldades, mesmo se essa nova forma de pensar me fizer verdadeiramente respirar e sentir o ar da liberdade."

Transformações no médio prazo

Daria é uma paciente de estrutura narcísica, muito inteligente, que não suporta, por um longo tempo de trabalho, nenhuma interpretação transferencial. Com ela, as interpretações devem ser "insaturadas", captar emoções de forma global, sem explicitação transferencial... Se, por exemplo, na ocasião das férias, ela diz que seu filho está inquieto porque precisa ficar sozinho, pode ser aceita uma interpretação do tipo: "Certamente, para as crianças, pode ser doloroso não terem seus pais *atrás delas* e viver a solidão, talvez como exclusão ou abandono", sem poder fazer outras interpretações transferenciais. As interpretações de transferência são sentidas como acusação, e mostrar isso conduz a um sentimento de perseguição que vai aumentando a ponto de fazê-la faltar às sessões. "Eu não venho a Pavia enquanto não encontrar a mamãe..." Parece mesmo que as interpretações são "sequestradas" e se transformam em acusações atormentadoras.

Eu fico impressionado ao ver entrarem em cena, cada vez mais frequentemente, as freiras da escola de seus filhos... São freiras muito pouco indulgentes, extremamente exigentes, críticas; em geral, elas aparecem após uma intervenção minha que pareça "crítica" à paciente, sem que tenha havido nenhuma intencionalidade de minha parte nesse sentido. Se eu volto a interpretar de forma não saturada, aberta, a tensão se abranda. Começo a me perguntar sobre essa estrutura superegoica que comparece com essas modalidades, que não admite "relações", justamente como as freiras.

Até o dia em que, em uma sessão que antecede as férias, a paciente conta que seu filho está intrigado com o claustro na escola que frequenta, onde tenta se aventurar e consegue dar uma espiadinha no quarto da irmã Gemma.

Logo em seguida, ela fala de uma paciente sua – minha paciente é, ela mesma, uma psiquiatra – delirante, que não se sente amada por seus pais nem por seu marido, que ameaça se suicidar, e que assistiu a um homicídio cometido por uma jovem contra sua mãe e sua irmã. Depois, conta que ouviu na televisão que muitas pessoas matam os filhos. Eu faço intervenções não saturadas, como: "Parece a história de Medeia, que, abandonada por Jasão, mata seus dois filhos, e quanta dor e desespero deveria estar sentindo por ter sido abandonada". A paciente, à medida que vamos conversando, continua dizendo que compreende melhor a "sua paciente" e que não tem mais medo dela... Eu escolho não interpretar explicitamente esse jogo de caixas chinesas... Eu respeito os níveis que me são propostos, mesmo sentindo sempre que o que é apresentado como o "problema da paciente delirante" é exatamente o problema profundo da minha paciente. Nesse ponto, eu digo que vimos uma primeira história que estava "obstruída" por uma freira e sua rigidez. Poderíamos fazer um filme sobre tudo aquilo que não aconteceu à "freira" por causa da decisão de se fazer religiosa enclausurada: esse seria o filme de alguém que, se sentindo não amado, não desejado, é tomado de tal desespero, raiva, ciúme, a ponto de matar todo mundo, como Medeia, ou melhor, como "a paciente" da qual ela se ocupa sem mais temê-la.

Ao longo das sessões seguintes, sem que a paciente tenha consciência disso, ela continua narrando a exploração que "seu filho curioso" faz das celas das religiosas, e, após cada encontro com uma nova irmã, há o relato do caso de um outro paciente psicótico, que eu continuo a narrar como uma outra história possível de freira enclausurada.

Nesse ponto, aparece claramente que nós estamos fazendo um percurso pelo superego perseguidor e delirante da paciente, feito de "protoemoções muradas" e "terrificantes", de objetos maus... que, somente após a abertura das celas e das histórias emocionais não pensáveis, na medida em que elas são reelaboradas, permite a abertura do claustro, a abertura de uma relacionalidade explicitável e a manifestação de um superego mais aberto e mais protetor, como aquele que aparece "na nova escola pública onde o diretor e os professores sabem escutar as crianças e falar com os pais", o que corresponde à minha maneira de poder escutar as necessidades infantis e de falar delas com a parte mais adulta da minha paciente.

Macrotransformações no tempo

Na longa análise de Carlo, um paciente gravemente psicótico, há alguns momentos que eu gostaria de assinalar: durante muito tempo, um delírio de grandeza teve uma função autocontinente; um momento dilacerante e difícil foi o do desmoronamento do delírio, que se constituiu como uma verdadeira "viuvez do delírio".

A passagem para uma realidade compartilhada foi bem indicada por um sonho no qual havia uma pessoa que queria empurrá-lo em um precipício ou, talvez, para um mundo desconhecido. Sempre, no sonho, Carlo vê um mundo muito feio: é o mundo da realidade, mas, sobrepondo uma placa opaca, ele ficava muito mais bonito. Durante muito tempo, a placa foi constituída por uma visão dele mesmo, primeiro como faraó, depois como futuro papa, e, finalmente, como "futuro prêmio Nobel", grande pesquisador e sábio muito invejado.

Junto com o delírio, também desaba um "ideal de ego" de tal forma megalômano que é somente fonte de perseguição. Em um sonho, Carlo se encontra em um apartamento de sessenta metros quadrados, com uma lareira e uma geladeira; sonho terrível porque significava perder os palácios e os castelos que deveriam lhe pertencer. As ideias de grandeza, de riqueza, de celebridade são justamente a placa que, "deformando" a realidade, o protege do impacto com ela. Mas, em seguida, ele acrescenta que é aterrorizante perder as ilusões, as expectativas de glória, e ter consciência de seus limites. Mesmo que a realidade lhe apareça agora como uma bela mulher, desejável. Porém, está alarmado com a ideia de sair de um mundo terrível, mas também excitante, para entrar em um mundo real, sim, mas também cinzento e banal. Percebemos que a "placa" é uma espécie de lâmpada de Aladim, basta esfregá-la para que o gênio lhe ofereça um mundo cheio de histórias entusiasmantes. A saída definitiva do delírio implica uma "mudança catastrófica" que nos ocupa por um longo período. São necessários remédios – não autoprescritos, como no passado, mas prescritos por um psiquiatra – para tornar tolerável uma dor mental dilacerante.

Em um sonho, há os funerais de um nobre e aparecem campo-neses que precisam trabalhar muito duramente. Não estando mais no centro do mundo, agora não teme mais a ironia dos outros, que eram pensados como estando interessados em espiar qualquer movimento seu. Nesse ponto, pode refletir sobre as modalidades perversas das próprias relações "sexuais" e de suas próprias situa-ções "relacionais" com os outros, sempre focadas na dominação e na humilhação do outro, nunca num plano de igualdade. Inicia uma progressiva reaproximação com todas aquelas emoções que antes estavam "injetadas" nos outros e no mundo, na ausência de um lugar onde colocá-las. Aceita a perspectiva de uma cura parcial e o fato inevitável de ficar marcado por anos de grave sofrimen-to. Progressivamente – sempre com grandes saltos para a frente e para trás –, as partes tenras e afetivas podem ser reconhecidas e encontrar um lugar. Permanece uma zona fóbica em relação a po-der circular na própria cidade, ainda que a integração dos aspectos sádicos e violentos comece a bonificar o território circundante.

Nesse ponto, ao trabalho sobre a integração das partes crimi-nosas e sobre a desidealização se soma o trabalho sobre o superego, que, pouco a pouco, é explorado e transformado nos sonhos.

Ele, que, em seus períodos de maior delírio, se dizia "faraó", tem agora um sonho em que deve se ocupar de duas "galinhas--de-faraó"[1] que têm uma doença de pele, e ele *acrescenta* que as doenças de pele são os resíduos da idealização que ele tem de si mesmo; e se questiona quais são suas capacidades reais em relação aos sonhos de glória. Ele experimenta ódio, raiva e inveja contra mim e ainda quer me matar por lhe haver tirado suas ilusões.

Agora ele começa a pedir informações sobre seus vizinhos, pois, diferentemente do que se passava antes, ele não "sabe" quem

---

1 Em italiano, galinha-d'angola é chamada de *gallina faraone* (galinha-de-faraó) [N.T.].

eles são (pessoas que o detestam e que o invejam), e descobre que de mim também ele sabe poucas coisas, gostaria de me conhecer e saber quem eu sou: ele retoma para si as projeções e as emoções projetadas. Mas permanece, como eu dizia, um resíduo fóbico, ele não pode passear pelas ruas da cidade, ele sodomizou todas as mulheres, possuiu esposas e filhas; ele só o fez em fantasia – é verdade –, mas o terror e a culpa que ele experimenta são terríveis.

Ele sonha com "um tribunal" que não leva em conta o *princípio da materialidade* e o fato de que ele agiu em estado de necessidade. Ele não "sabia" fazer de outra forma... Sonha, em seguida, com o tribunal de Torquemada, que lhe inflige penas e torturas, onde um criminologista o condena a cinquenta anos de prisão.

Eu lhe digo que ali parece haver um território – resíduo embrionário de seu velho sistema – que escapa ao sistema jurídico atual, onde a materialidade da culpa é central.

Ele sonha com uma pessoa que o ensina a andar a cavalo... sonha com a infância de Pierre Rivière... teme que um outro juiz bom demais confunda Pierre Rívière com Francesco Petrarca. A culpa, ainda que pelas fantasmatizações, deve ser vivida, sofrida, elaborada.

Tem um outro sonho em que renuncia a ter relações sexuais com "a mulher de seu tio", mas com a condição de poder sodomizar as empregadas, sonho com o qual começa uma "negociação edípica". Sempre, em um sonho, ele se encontra em um cárcere sem processo, um advogado lhe diz para estudar bem o conceito de impunidade; ao seu lado, na prisão, há um lutador corpulento; ele pensa pela primeira vez – no sonho – que ele não é culpado por crimes realmente cometidos, e sim um perseguido por alguém como Pinochet...

Em seguida, sonha que está escrevendo um memorial no qual pede perdão ao povo de sua região, particularmente por seu abuso das mulheres.

Eu lhe digo que, talvez, o maior abuso tenha sido aquele que a sua megalomania, por longo tempo, fez em relação às suas partes tenras e afetivas. Ele se comove.

A posteriori, penso que o delírio poderia ser um antídoto para um ideal de ego patológico e um superego tirano que realizava a evacuação dos aspectos protoemocionais por meio de contínuas operações de "transformações em alucinose", que invadiam o mundo das emoções violentas e criminosas de Carlo, tornando-o inabitável.

É nesse momento que Carlo, uma manhã, sente que todas as fobias se dissolveram, e sai finalmente pelas ruas da sua região, encontrando e abraçando pessoas que não vê há vinte anos e sendo acolhido por todos com afetuosa disponibilidade. Ele não tem mais medo dos outros e das emoções que os outros suscitam nele: agora ele pode verdadeiramente circular pelas ruas de seu mundo interno. Em pouco tempo, ele retoma as relações com velhos amigos e parentes. Vai à "Chiesetta del Boia",[2] perto de onde mora, sem medo, depois vai até o cemitério para ver o túmulo de seu pai. E, em pouco tempo, retorna a uma existência normal, a um pleno contato com a realidade e com uma "nova realidade mental", que lhe permitem programar sua futura atividade profissional e pensar também no fim da análise.

Para concluir, gostaria de destacar como a presença de uma ideologia forte no analista paralisa o que Bion chama de "capacidade negativa", a possibilidade de escutar, em um estado mental de dúvida não persecutória, até que se estruture um sentido

---

2   Igrejinha do Carrasco [N.T.].

imprevisto e novo. Se isso não acontece, também o analista opera transformações em alucinose sobre o paciente, vendo nas comunicações dele o que a sua teoria o induz a ver.

No fundo, creio que não seja possível um trabalho sobre o superego ou sobre o ideal de ego que não passe pela capacidade de *rêverie* do analista e pelo desenvolvimento da capacidade de pensar. Isso dá espessura à hipótese de Bion segundo a qual é fundamental a qualidade das emoções que formam a trama do ♀; se permitem o desenvolvimento, há crescimento e transformação, mas, se a mente (também a do analista) está impregnada de emoções de caráter negativo (inveja, raiva, ódio...), as identificações projetivas não conduzem mais ao desenvolvimento, mas a –(♀♂), uma anomalia no funcionamento das identificações projetivas/da *rêverie*, até uma inversão de fluxo das identificações projetivas, que uma mente adulta e funcionante pode ainda acolher e transformar, enquanto um paciente grave seria devastado por isso, como uma criança pequena.

Portanto, se não há acolhimento e transformação das identificações projetivas, há a formação de –(♀♂), forma-se um superego arcaico como resultado defeituoso do mau funcionamento de uma relação primária com um objeto incapaz de *rêverie* e um ideal de ego igualmente patológico como antídoto à perseguição.

Mas, na análise, o que fazemos? O paciente – que tenha esse tipo de patologia – deve ter a experiência de um analista que acolha –(♀♂) e, progressivamente, o desintoxique, em um meio que funcione com uma capacidade de *rêverie*. Os objetos internos serão tanto mais arcaicos quanto menos tenham desfrutado dessas transformações que a *rêverie* materna/paterna comporta.

Na análise, creio que seja um momento feliz quando o superego encontra uma modalidade narrativa para poder se mostrar: o juiz, o exame, o processo (Speziale-Bagliacca, 1998) e, finalmente, pode ser transformado sem necessariamente haver "cesuras interpretativas".

Focalizei minhas reflexões no interior da sala de análise porque essa é a minha e a nossa especialidade. Para que haja um analista, é preciso que coexistam também um paciente e um *setting*. É igualmente verdadeiro que podemos extrapolar alguma coisa para a sociedade a partir de nossa experiência na sala de análise.

Creio que se contraponham, na sala de análise e no social, dois tipos de cultura: eu chamaria uma de "cultura da *rêverie*" e a outra de "cultura da evacuação", mas, para esses aspectos, remeto ao Capítulo 2 deste livro.

8. A autoanálise e os gradientes de funcionamento do analista

Considero este um tema de grande interesse, mesmo que seja abordado menos frequentemente do que mereceria. Inicialmente, gostaria de distinguir as várias acepções do termo.

Há, para o analista, uma "autoanálise" que continua enquanto ele estiver em atividade com os pacientes; no fundo, já foi dito que cada paciente pode ser considerado pertencendo a uma "região" ainda inexplorada do analista, o qual se enriquece e se transforma, por sua vez, com cada paciente com o qual trabalha: pude "penetrar" autenticamente e em profundidade no conceito de autismo graças ao trabalho com pacientes com significativos núcleos autísticos; isso permitiu também que eu me reapropriasse das minhas "zonas" autísticas, para as quais eu nunca tinha tido a ocasião de dar espaço e reconhecimento, dando início a possibilidades de transformação.

Permitiu-me, também, entender o quanto tais zonas eram, na realidade, na minha mente, mais relevantes do que eu jamais tinha suposto; até surgir um sonho, feito quando criança, no qual, chegando de navio no porto de uma cidade, eu via toda a paisagem bidimensional, sem espessura, como se os prédios fossem somente fachadas, como em certos *sets* de filmagem.

Depois, existe a autoanálise que todo analista realiza relativamente à elaboração da contratransferência em relação a cada paciente, em particular, e ao modo como metaboliza as identificações projetivas que cada paciente realiza, podendo chegar até ao trabalho sobre as próprias *rêveries*, sobre as próprias atuações, especialmente, eu diria, sobre os sonhos de contratransferência.

Mas, até aqui, não existem grandes problemas, e são muitos os trabalhos que giram em torno dessas questões, tanto mais quanto mais é focalizada uma neutralidade impossível do analista e um envolvimento emocional total de sua parte (Renik, 1993, 1997; Jacobs, 1999). Mas o significado ao qual quero fazer referência é aquele da autoanálise do analista não em relação ao seu trabalho cotidiano, mas enquanto ser humano que, tendo feito análise, dispõe de uma aparelhagem especial para o trabalho com a própria mente. Naturalmente, esse é um pré-requisito de base para se estar autenticamente disponível a trabalhar com os próprios pacientes.

É discutível se é possível uma autoanálise autenticamente "transformadora" pelo fato de que a transformação passa por metabolizações das identificações projetivas e da progressiva introjeção do método. Mas creio que, ao longo da vida, esse "círculo" que toda mente analisada deveria ter introjetado pode "enguiçar" e, nesse caso, a autoanálise pode ser *o método* de "desenguiçar" *o método* já introjetado. Por isso, considero que a autoanálise seja possível, substancialmente, somente para uma mente que já tenha tido a experiência de uma análise. Naturalmente, nesse trabalho, os sonhos são preciosos.

O analista se define como tal quando existe um paciente com ele dentro de um *setting*; fora dessa situação, ele é uma pessoa como todas as outras, ou pelo menos como todas as outras que fizeram análise.

Não considero, absolutamente, uma característica positiva ter feito análise; é como ter tido necessidade "do sanatório" e da "estreptomicina" para a tuberculose. Uma mente suficientemente sadia não terá nenhuma necessidade de fazer análise; a análise é uma resposta, na maioria das vezes adequada a um sofrimento psíquico.

Acredito que quem fez análise, depois, por longo tempo, prossegue no "automático", isto é, não percebe o trabalho de elaboração que vai realizando dia após dia. É nos momentos de sofrimento, de entupimento, de emergência, que é ativada a capacidade autoanalítica. É dela que eu gostaria de falar, mostrando certos momentos de sofrimento da minha mente e as formas como pude enfrentá-los.

Uma discussão com colegas (Boccara, Riefolo, 2000) levou-me a refletir sobre o conceito de "analista ferido". Creio que o analista, com certeza, foi "um ferido"; porém, considero que sua análise deveria tê-lo suficientemente "curado". Creio que uma certa "sensibilidade" das "feridas curadas" pode ser um ponto sobre o qual trabalhar, algo que lhe permite "ressoar harmonicamente" com as feridas do paciente. Naturalmente, torna-se problemático o momento em que as feridas voltam a sangrar ou em que surgem novas feridas.

Nesse caso, é necessária a autoanálise, considerando que, se o sangramento viesse a superar certo nível de sofrimento, o analista teria a obrigação ética de um novo período de análise, para não fazer "adoecer" mais ainda os próprios pacientes, ou para não se fazer curar pelos próprios pacientes, o que se tornaria uma perversão do próprio estatuto da análise. O que não impede que isso possa ocorrer ocasionalmente, como acontecimento excepcionalmente fisiológico, em qualquer análise.

O analista enquanto paciente de si mesmo

É um momento difícil para mim, no qual não sei que "rumo" tomará um sério problema de família, estou angustiado e preocupado. Um sonho e uma *rêverie* me ajudam. O sonho me mostra duas crianças: uma que está bem, a outra muito sofrida; introduzo o tubinho do fonendoscópio do meu pai naquela muito sofrida para aspirar o líquido que a impede de respirar bem. O sonho me ajuda a perceber a minha preocupação em relação a algo que eu não sei se vai dar certo ou se vai precisar de atenção especial. Em nível mais profundo, o sonho me coloca em contato com um "território" meu muito saturado de angústia, que necessita da reativação de uma função paterna analítica capaz de "aspirar" e que espero transformar, algo que me oprime.

A *rêverie* me ajuda a voltar a sorrir – da forma que é possível – para os meus sofrimentos, vejo uma casa com uma grande pata de elefante levantada acima do telhado: o que fará o elefante? Colocará a pata sobre a casa ou a desviará? Pelo menos, dessa forma, consigo visualizar minha angústia, aguardando saber que tipo de direção irá tomar o problema que me aflige.

Sempre no mesmo período, sonho ter uma bolha embaixo do braço, bolha que se desprende e me permite ver todo o interior do meu corpo – e todos os órgãos – como ressecado, toda a pele ao contrário está estendida e inchada. Percebo imediatamente o meu estar "inchado" de angústia e o me sentir, por dentro, todo "ressecado", em uma espécie de diminuição depressiva da minha vitalidade. Trabalho sobre os "lutos" que tenho que elaborar nesse momento, mas a "fenda" da minha capacidade de contenção se exprime mesmo assim, seja em um *blackout* de sono com um paciente que, por sua vez, traz problemas de tipo depressivo, seja com a explosão – forte, libertadora – de um grande resfriado que, de um lado, me "entope" e, de outro, permite, também, um "desentupimento". No dia seguinte, tenho um sonho no qual preciso ser submetido a um ecocardiograma, que, depois de certas ansiedades, resulta normal; aliás, por meio dele, transparecem alguns "desejos reprimidos".

A confiança novamente encontrada e o fim da emergência são sinalizados por dois sonhos: no primeiro, sou atraído por uma moça bonita pela qual renuncio a "estudar medicina", que teria me comprometido os sábados e domingos com plantões, e aceito a perspectiva de um trabalho menos comprometedor para lhe dedicar tempo. No segundo, me dou conta de já possuir o diploma de Medicina e que o meu desejo de fazer alguns exames na universidade não nascia do desejo de me formar – porque eu já era médico –, mas somente do prazer de aprofundar, na prática, coisas que me interessavam. O efeito dos sonhos é o de me levar a renunciar a uma série de finais de semana programados para atividades de trabalho e reprogramá-los para viver dias de férias tranquilas.

A autoanálise graças ao supervisor

Às vezes, o supervisor pode se colocar como aquele que precisa reativar uma função autoanalítica do supervisionando para permitir que ele possa desenvolver um produtivo trabalho analítico.

Stefania é uma jovem analista muito competente que, porém, em uma sessão com a própria paciente Marcella, quando esta, entre muitos medos e hesitações, revela o próprio desejo de ter outro filho, endurece, sem conseguir "acolher" o projeto com a disponibilidade que merece; aliás, alia-se com os funcionamentos da paciente contrários a qualquer mudança, e pensa esse projeto também como contrário em relação ao desenvolvimento da análise de Marcella.

Marcella, na sessão seguinte, traz um sonho estimulado pela leitura de um livro, no qual se encontrava em uma comunidade de judeus ortodoxos, no limite do fanatismo, e no qual, em um quadro de uma exposição, aparecia uma mãe crucificada. Não posso deixar de apontar para a jovem colega o quanto a sua rigidez do dia anterior tinha gerado a sequência onírica: ela foi pensada como pertencendo a uma comunidade extremista ortodoxa (a psicanalítica) e o projeto de maternidade foi "crucificado".

Pergunto para a colega o porquê dessa rigidez e ela mesma me relata – tornando-se consciente à medida que vai falando – uma situação passada sua de conflito, que tinha entrado sorrateiramente em ressonância com o projeto da paciente, e isso a tinha tornado hostil a esse projeto. Desenvolve-se, assim, uma parcela de autoanálise, em parte comigo como testemunha-enzima da própria, que a jovem analista continuará consigo mesma até encontrar uma possibilidade harmoniosa de compartilhar dos projetos e dos desejos da própria paciente.

A introjeção do narrador

Já destaquei outras vezes como uma análise pode terminar quando é introjetada a capacidade de tecer em emoções e em pensamentos o que vem de todo tipo de experiência que fazemos com nós mesmos, com o nosso corpo, com os outros e com a vida.

Isso corresponde a encontrar "soluções" no sentido mais estrito do termo, a dissolver o drama invisível em narrações possíveis.

Uma paciente em fim de análise tem um momento de desorientação: seu celular está sem sinal e ela está furiosa com um colega que deu alta a uma paciente que ela havia mandado amarrar na cama.

Até que ela mesma se dá conta, durante a sessão, da angústia que sente ao pensar em se encontrar, em pouco tempo, sem a "rede" da análise, e pode viver a raiva pela "demissão" do divã analítico, ao qual, nos últimos anos, estava muito ligada.

O transgeracional

Uma categoria importante na própria autoanálise, que continua a explorar zonas não alcançadas no período da própria análise, refere-se ao transgeracional.

Por outro lado, considero que uma boa análise possa fornecer os instrumentos para as explorações, embora não um mapa completo das zonas exploráveis; caso contrário, não poderíamos compartilhar a conceitualização de Bion de um inconsciente em contínua expansão.

Um território transgeracional que se abriu às minhas explorações por causa de certas contingências de vida foi o *catastrofismo*.

Aspecto que eu nunca tinha sentido presente no meu cotidiano, mas que parecia lançar sombras em certos momentos particulares, o "catastrofismo" pode ser pensado como ligado a uma fantasia de ter que "prever" qualquer possível imprevisto, pela preocupação de não ter recursos suficientes ou de não ter "presenças" suficientes que pudessem ajudar em um momento difícil. É como se o "prevenir" e o "prever" qualquer possível imprevisto e desgraça dessem o tempo e a confiança de que existe um modo de poder se aparelhar.

Como alguém a quem tivesse acontecido um "naufrágio" e que, daquele momento em diante, também para atravessar uma simples ponte, se aparelhasse com colete salva-vidas e boias.

Percebi que "fiapos" de catastrofismo deviam ter derivado da experiência da mãe da minha avó materna, que, no século XIX – moça de família nobre, mas não rica e, portanto, não aparelhada para a sobrevivência –, tinha se casado com um músico famoso, que morreu inesperadamente, deixando a mulher com sete filhos de tenra idade; entre estes, minha avó era a mais nova, e seguramente foi marcada por essa experiência "catastrófica", mesmo que a minha bisavó – não sei como – tenha conseguido "ajeitar" as coisas e prover a todos os filhos.

Estreitamente ligados com a capacidade autoanalítica do analista são os gradientes de funcionamento da sua mente.

Estou passando por um momento de particular dificuldade ligado a problemas familiares que geram em mim preocupações e também picos de angústia e desorientação. Consigo trabalhar bem nas supervisões, em que "a experiência" me socorre e nas quais não noto uma queda do rendimento médio; estou somente menos "brincalhão e criativo", mas mantenho um bom nível de funcionamento. Com os pacientes, consigo acompanhar e entender o sentido da sua fala, mas me percebo tendo menor disponibilidade e receptividade internas em relação a suas emoções e seus conteúdos; consigo também captar "a resposta" do paciente em relação a esse meu estado de sensibilização interna.

Estou na situação, por exemplo, de uma mulher com uma vaginite ou uma dor pélvica que, mesmo não evitando uma relação com a pessoa amada (♀♂), capta, porém, a qualidade diferente da própria disponibilidade receptiva, e capta também a desilusão, a insatisfação ou a irritação do outro. O que fazer nesses casos? Em casos de extrema agudeza, o analista não tem outra alternativa que não "suspender" as sessões até a própria "cura" psíquica.

É mais difícil sugerir o que fazer nas ocasiões de sofrimento prolongado e, por exemplo, fortemente ligadas a experiências de vida dolorosas que não podem não atingir também os analistas. Creio que, nesses casos, seja importante:

a) tentar trabalhar para recuperar o máximo possível o próprio eixo médio;

b) tentar "metabolizar" todas aquelas sinalizações que nos provêm do texto do paciente, de forma que, sem *self-disclosure*, também não haja o risco de atribuir ao paciente "coisas" que não lhe pertencem;

c) assinalar, com os pacientes mais graves – que sempre sabem a verdade a respeito de nosso funcionamento mental –, o próprio momento de dificuldade, talvez por meio de uma interpretação, sem fazer, naturalmente, confissões sobre a própria fonte de sofrimento.

No que se refere ao ponto (a), uma primeira ajuda nos é oferecida pelo "sonho" que se põe em funcionamento para tecer novamente aqueles rasgos que se criaram em nossa mente.

Anos atrás, em um momento em que era necessário esperar um longo tempo para conhecer o prognóstico de um parente meu, e em um momento no qual havia uma remissão sintomática que poderia significar – mas não era certeza – uma cura, tive os dois sonhos seguintes: ia ao médico para exames e ele me dizia que eu tinha um tumor no pulmão pelo qual me dava ainda seis meses ou, no máximo, um ano de vida; quando acordo, elaboro esse sonho, sonhando, logo depois, que, ao entrar em um espaço amplo, eu era assaltado por um terrível cachorro de grandes dimensões, que, em vez de me morder, até me devorar, parava a poucos centímetros de mim, acalmando-se, enquanto eu chamava um amigo que, no momento, não respondia. Um amigo com função paterna.

No mesmo período, uma paciente fala de seu marido, que tinha o celular desligado em um momento no qual ela tivera necessidade de sua ajuda, e de um sonho no qual levava seu filho a um médico que podia ser uma pessoa muito perigosa e pouco confiável, talvez um vivisseccionista.

Outro sonho narra sobre uma tia com a qual nunca havia sido possível se comunicar e um casamento que não pode acontecer entre uma moça e um rapaz "perturbado".

Outra paciente chega chorando na sessão, dizendo que, onde trabalha, "são todos loucos" e ela quer deixar o seu posto de trabalho para ficar tranquila.

Nesses casos, sem necessidade de confissões contratransferenciais (Renik, 1999), ou eu deveria dizer sem confissões sobre a realidade emocional do analista, não é difícil trabalhar de forma insaturada sobre as temáticas propostas pelo paciente, ajudando-o a elaborá-las.

Uma paciente capta minha menor presença mental contando da raiva que seu irmão sentiu quando foi para um seminário numa outra cidade e, somente ali – onde chegou após uma viagem bastante longa – descobriu que "não havia ninguém", estando o professor "ausente por doença": raiva que manifesta em relação aos organizadores do seminário, que não o tinham avisado da "ausência". Reativado por essa comunicação, que não me é difícil captar como explicitação da minha menor presença mental, faço intervenções ativas e sensatas, depois das quais a paciente relata sobre um amigo que havia me encontrado em um congresso, achando interessante e vivo aquilo que eu havia dito. Por outro lado, é o próprio Bion (1983), nos *Seminários italianos*, a nos avisar que o paciente sempre sabe "a qualidade" do nosso estar ou não estar e que ele ter essa consciência é um dos pesos que a situação do analista comporta.

Gostaria, neste ponto, de me interrogar a respeito de situações de abuso que o analista pode exercer em relação ao paciente. Não me refiro àquelas situações de abuso extremo, frequentemente sexual, que nascem de uma deriva das regras do *setting*, aquelas situações descritas, por exemplo, por Gabbard (2000), nas quais, a partir de uma *self-disclosure* do analista, passa-se a um *enactment* contratransferencial até atuações incríveis, como aquela do analista que aceita que a paciente com fantasia suicida venha dormir em sua casa, entendendo fazê-lo em camas separadas e cada um com o próprio pijama, e depois a coisa termina naturalmente como terminaria em um filme de Woody Allen.

Refiro-me àquelas situações menos extremas, nas quais a mente do analista está entulhada, menos disponível que o habitual, e esse fato se torna "traumático" para o paciente. Uma jovem e capaz analista fala – após ter-me dito ter vivido uma semana na qual estava menos disponível para o trabalho, por um conjunto de fatores pessoais e familiares – de um paciente muito bravo com o próprio médico-chefe porque, para um paciente cheio de edemas que eles estavam tratando com um diurético eficaz, ele havia prescrito uma solução fisiológica na veia que teria aumentado os edemas por causa do sódio que continha. Em outras palavras, o paciente destaca que a tarefa da análise e do analista é "aliviar" o paciente de suas "retenções", de seus pesos, e se o analista, por sua vez, está entulhado, em vez de fazer diminuir a pressão, acabará por incrementar os pesos e fazer aumentar os edemas do paciente. Mas isso pode ser evitado? Uma coisa é dizer que "deveria" ser evitado, outra é reconhecer com honestidade que nem sempre "pode ser evitado": naturalmente é uma questão de medida.

Também Winnicott fala de uma mãe "suficientemente boa", e também o analista só pode aspirar a ser "suficientemente bom". O ponto é que o analista saiba reconhecer os próprios momentos de mau funcionamento e que saiba e possa remediar; frequentemente, é suficiente uma elaboração da contratransferência, uma focalização autoanalítica, um sonho ou uma série de sonhos para recuperar um funcionamento mental "suficientemente bom". Quando esses pontos não bastarem, será "dever" do analista buscar ajuda para "metabolizar" aquilo que o obstrui naquele momento da sua vida profissional, familiar ou pessoal.

Em muitas sociedades de psicanálise, é um fato normal, desejável e declarado com tranquilidade que também um analista experiente e de fama possa fazer um ou mais períodos de reanálise ao longo de sua vida, como já recomendava Freud.

O que, de qualquer forma, me parece central é assumir plenamente a consciência de que o funcionamento mental do analista é uma variável significativa do campo.

Outro fator de risco é aquele relativo à idealização das próprias teorias de referência e da própria técnica, que pode se tornar um abuso toda vez que se sobrepõe – como já foi declarado nos capítulos precedentes – à escuta em relação ao que o paciente diz.

Paciente que, com certeza, não está ali para nos curar ou para se ocupar da nossa mente, mas que, de qualquer forma, é nosso melhor colega, para falar alinhado com Bion, ou nosso "companheiro secreto", para fazê-lo alinhado com Conrad.

Se for ouvido, o paciente torna-se também um precioso professor de técnica; lembro que Willy Baranger tinha o hábito de dizer que o grande mérito de Freud foi o de ter "ouvido" seus pacientes. A esse propósito, gostaria de apresentar um trecho de sessão com um jovem paciente meu.

Trata-se de uma sessão retomada – como é meu costume fazê-lo – alguns anos depois de ter acontecido, justamente para ver quais as modificações teórico-técnicas que eu "fiz minhas" nesse período. Trata-se de Piero, um adolescente psicótico. Ao se apresentar, toca várias vezes a campainha.

Piero: Você viu como eu toquei?

Analista: Como uma pessoa de casa, que tem pressa de entrar.

P: Bem, agora eu sou de casa... Vou logo lhe contar um medo [come balas] de que tudo esteja sujo de "S" e de "C", tudo, tudo, é por isso que não sento, a terra me parece "C".

A: E talvez você tenha medo de que tudo no mundo seja "cocô", de que todas as relações sejam sujas, esta também. Pouco sincera.

P: Isso, sim, mas, devagar, vai devagar, se não eu fico bravo, as coisas devem ser ditas, mas com calma, uma de cada vez, sem pressa, uma fala de cada vez, se não eu fico bravo. Alias, já fiquei bravo, devo lhe dizer "safado", "vagabundo", se não, não tenho paz.

A: E talvez você queira que eu aprenda a ficar do seu lado sem correr, então você pode confiar.

P: Então vou lhe contar uma outra coisa que me atormenta, mas você não pode rir. Tenho medo quando meu pai vai ao banheiro, tenho medo de que ele não lave as mãos, de que não limpe o traseiro, de que faça no chão e suje tudo.

A: E medo de que não somente seu pai, mas eu também possa ser uma pessoa suja, mas suja também por dentro.

P: E suja, suja, selvagem e louca! Já disse.

A: Estava me perguntando se o que o preocupa e o faz temer que eu seja louco são as coisas que às vezes posso dizer, as coisas que eu digo com pressa, sem ter pensado suficientemente, por exemplo...

P: Limite de velocidade sessenta... Já falou bastante, mas devagar...

A: Bem, você me parece um guarda de trânsito, mas tolerante.

P: E não é certo que eu o ajude?

A: Eu creio que seja certo, e que nós nos ajudemos a regular a velocidade.

P: Eu compreendo bem as coisas, mas tenho necessidade de tempo e de pausa. Oh! O dente [mexe as balas na boca], veja como ele mexe!

A: [Rio.] Bem, me parece uma criança que faz brincadeiras afetuosas com o papai.

P: Porém, veja, algo mais me atormenta, tenho que lhe dizer, eu sou ciumento. Penso na Nera, que faz com que o senhor encontre tudo limpo, e para mim não, e depois penso no encontro da minha irmã com o psicólogo.

A: Você sofre com esses pensamentos talvez pela exclusão que comportam e porque teme que eu tenha outras preferências.

P: E que eu não valha nada, que seja "M" para o senhor, sem nenhum valor; pronto, gostaria de ter uma metralhadora.

A: Você ficou bravo com esses meus pensamentos, talvez você também tenha pensado que até segunda-feira é demorado demais.

P: *Sabe o que eu descobri? Que o marido da minha avó era siciliano.*

A: Talvez tenhamos uma outra coisa em comum, além do casaco de gola olímpica. [Deixa cair papel de bala.] Eu me pergunto se você também tem medo de sujar esta sala...

P: *Não sujo, é papel, tenho medo de que meu pai faça cocô.*

A: Eis que eu falei outra coisa que não foi bem.

P: *Oh! [Com alívio.] Bem, agora o entendo, talvez seja verdade o que você diz, mas é muito cedo.*

A: Perturbá-lo com aquilo que eu digo é inevitável, mas é importante que seja tolerável.

P: *Bem, de qualquer forma, é muito tempo até segunda-feira; não vou ficar bravo, mas vou sentir falta.*

Parece-me que, nessa sessão, o paciente me deu uma extraordinária aula de técnica interpretativa, que na época eu tinha tido condições de "tornar minha" somente em parte. Substancialmente, ele me diz que a mente do analista deve antes funcionar de forma "acolhedora" e "continente", e que uma pressão interpretativa, baseada excessivamente na explicitação relacional, suja e gera angústia mais do que produz alívio. Porém, é suficiente que eu não capte o seu se mover, o seu perder os dentes de leite, que logo cria uma fratura que será necessário limpar, e uma outra fratura se cria quando eu desloco "de forma prepotente" (como um siciliano) o olhar para a separação do fim de semana em vez de para a nossa fratura comunicativa. Por outro lado, em qualquer patologia psicótica, está em jogo uma deficiência tanto da função α (isto é, daquele "método" que uma boa *rêverie* materna/paterna teria podido passar em relação à possibilidade de gerar elementos α) quanto do desenvolvimento de ♀, de forma que o paciente se encontra com um excesso de urgências de elementos β e de protoconteúdos emocionais (♂), portanto sem nenhuma necessidade de mais solicitações emocionais; aliás, necessita sentir acolhidas e contidas as próprias angústias, de modo que tenha experiências de acolhimento (♀) que poderá depois introjetar como modalidades de conter suas urgências emocionais. E as mesmas produções das funções α deverão ser mantidas por longo tempo na mente do analista para serem compartilhadas na forma e no tempo que o paciente sinalizará.

Uma colega traz para a supervisão um caso de um rapaz homossexual que, desde o início, é descrito como "mole, inexpressivo, um pequeno padre", e que, desde os primeiros encontros, fala da própria paixão pelos "filmes muitos violentos, aqueles de macho...", falando logo depois de uma fantasia sua de "felação". A terapeuta não "ousa" tomar a direção da violência, da fantasia penetrativa e incontrolável e da felação como modalidades de gestão de um "Charles Bronson" incontrolável, mas escolhe o caminho pacificador da equivalência pênis/bico do seio e da confusão esperma/leite. Afasta, assim, com a teoria, o incontenível Charles Bronson (Gengis Khan ou King Kong, que seja) que tenta mais uma vez emergir através da fobia que o paciente tem das armas. Meses depois, terapeuta e paciente se encontram imersos num clima de tédio, no qual o paciente faz um resumo do próprio dia, fala de seu estudo de "direito civil" e de que não joga futebol, não entra em campo: ele fica no banco e faz somente a descrição.

Mais uma vez, a terapeuta não capta essas como comunicações significativas do que acontece na sessão, de como o tédio é uma espécie de sonífero para as protoemoções violentas, temidas como impossíveis de conter, e de como o paciente descreve a sessão como algo em que ele "fica no banco, não desce a campo, faz somente a descrição", nem é captado um único momento de "força" do paciente quando este relata a própria paixão por um cantor de rock que canta músicas de protesto e de ódio.

A minha associação para a terapeuta é de que me parecia que, nessa terapia, eles estavam como no livro *O pensionista*, de Marie Belloc Lowndes, no qual uma família inglesa, por necessidades econômicas, decide alugar um quarto a um pensionista que, depois, se descobrirá, em um clima maçante e sonolento, ser Jack, o estripador.

Então, se há na mente do terapeuta "uma mancha cega", uma zona que não pode ser transitada, esta torna-se oclusiva também para todas aquelas histórias que o paciente está esperando – sem saber – poder relatar.

Após a supervisão e depois que a colega se colocou mentalmente em uma frequência de onda diferente, o paciente relata ter ido ao cinema e ter "visto" o filme *Hannibal,* de Ridley Scott.

9. Crise da idade-dobradiça e crise de acontecimentos-dobradiça

Pensei em usar a expressão "crise da idade-dobradiça" para indicar aqueles traços comuns presentes nos momentos de passagem entre idades significativas, que se tornam cada vez mais complexas. Adolescência, crise de meia-idade, crise da terceira idade e da quarta. De fato, creio que o alongamento da vida média tenha feito pelo menos duplicar o número dessas idades-dobradiça.

Uma característica comum é a "mudança catastrófica" que deve ser atravessada, na qual coexistem o luto por aquilo que se perde, a disponibilidade pelo novo e a capacidade de metabolizar as emoções que surgem. São reutilizados tanto os núcleos autísticos que frequentemente se estratificam na rotina existencial quanto a capacidade de luto, assim como a disponibilidade de dar lugar ao novo e às suas significações. Naturalmente, cada um desses momentos-dobradiça tem suas peculiaridades e características, sob aqueles máximos divisores comuns de que falava. Creio que cada um seja mais complexo que o anterior porque cada vez mais nos aproximamos, "concretamente", do último momento-dobradiça, que é o da morte.

Lembro como, na noite antes de completar quarenta anos, sonhei ir até a estação para adquirir um bilhete de trem, mostrando também o papel prateado de um tablete de chocolate: começava já a fazer as contas com o "cartão prateado"[1] que é fornecido aos que têm mais de sessenta anos.

Hoje – diferentemente da única crise de meia-idade (como sinalizava, de forma brilhante, Elliott Jaques em 1970) –, diria que existe uma crise de idade-dobradiça dos quarenta em diante, a cada dez anos, pelo menos assim me pareceu acontecer com muitos pacientes e comigo mesmo.

Concomitantemente à superação dessas "boias" existenciais, toda a constelação de angústias-defesas de cada um é colocada à prova. Naturalmente, são possíveis soluções e saídas muito diferentes: às vezes complexas, radicais, ou de compromisso. Vemos construções maníacas de juventude e, frequentemente, consequências dolorosas, ou a negação e o afastamento do problema. Vemos também a aceitação da temporalidade por meio de uma "viagem nostálgica" de elaboração.

Creio que "o sonhar" e a evitação do "agir" possam constituir vacinas úteis.

É interessante notar a existência de uma infinita quantidade de obras de literatura, cinema, teatro, pintura, que narram e renarram os problemas das idades-dobradiça, sempre captando-os a partir de ângulos diferentes e com diferentes soluções.

Poderíamos considerar como diferentes casos clínicos, ainda que conscientes da arbitrariedade de tal operação, diversas obras que nos relatam o grau de sucesso ou de falência de tais operações

---

1   "Carta d'Argento" é um bilhete que fornece desconto no sistema de transporte italiano, podendo ser adquirido por pessoas a partir dos 60 anos [N.E.].

de luto, ou as eventuais defesas, acionadas como *escamotage*[2] pelo menos mental, diante de tal problema inevitável.

Nos dois polos, pelo menos por enquanto, eu colocaria *Morangos silvestres*, de Bergman (visto como feliz elaboração das problemáticas presentes, e somente parcialmente resolvidas, em *O sétimo selo*) de um lado e, do outro, *O anjo azul*, de Sternberg, metáfora da enorme, desesperada, maníaca, paranoide tentativa de fugir do tempo e de suas consequências. *Morangos silvestres* apresenta, desde o início, o problema do tempo como central, por meio do sonho do protagonista do relógio sem ponteiros e do funeral com o próprio cadáver.

Poderíamos inclusive fazer uma sequência, indo desde o já citado *O anjo azul* (cujo livro de Heinrich Mann, de qualquer forma, é melhor) a *Um retrato de mulher*, de Fritz Lang, a *O retrato de Dorian Gray*, de Wilde, a *O caso do sr. Valdemar*, de Poe, a *Senilidade*, de Svevo, a *Sozinho*, de Strindberg, a muitas obras de Ibsen e a uma enorme quantidade de outras ainda, não existindo escritor, dramaturgo ou diretor que não tenha trabalhado sobre este tema.

Mas só posso retornar ao meu específico e mostrar as emoções, as paixões, as transformações presentes em algumas situações que tive a possibilidade de acompanhar.

Mario é um engenheiro de cinquenta anos, já fez uma análise que lhe permitiu estabilizar a própria vida emocional e colocar em crise uma organização narcísica de certa gravidade, que tornava seus vínculos precários. Durante a análise, Mario casou-se e teve três filhos. Vive e trabalha em uma cidade da França, onde foi criado um centro europeu de pesquisa televisiva.

Alguns anos após o fim da análise, recebo um telefonema alarmado de Mario, que, em franca crise, pede uma consulta: teme ter

---

2 Estratégia [N.T.].

se apaixonado por uma jovem técnica de laboratório que trabalha "lado a lado"[3] com ele.

Essa expressão de Mario chama minha atenção pois me lembra aquela outra de "levantar o cotovelo" com a qual ele se referia às violentas, ainda que não frequentes, bebedeiras às quais se entregava para evitar a dor mental e a depressão.

Considerando as dificuldades de locomoção (precisa vir da França) e sua não disponibilidade em procurar um colega francês, decidimos, Mario e eu, que nos veríamos uma vez por mês, por duas horas consecutivas. Considero importante ouvir não somente a sequência dos sonhos que Mario relatará, e que vão desde o "contágio" até a "cura", mas também os escritos e as anotações feitos por Mario no início da crise, que testemunham suas tentativas autoanalíticas, e as anotações que sucessivamente fez com o intuito de que eu as lesse.

Mario se lembra de uma fantasia perturbadora que teve quando esteve pela primeira vez na companhia de Françoise, em uma churrascaria, durante um intervalo de trabalho: "Olhei para sua jugular em evidência e pulsante". Ele mesmo capta o valor vampiresco da sua fantasia, a necessidade do vampiro de estar fora do tempo, bebendo "sangue fresco e jovem". Aponta que surgem na sua mente, além de Drácula, também Fausto e o pacto com o diabo. Depois, tem um sonho no qual se encontra em uma cidade desconhecida onde se perde e não só não sabe encontrar o hotel onde estão a mulher e os filhos, como também não se lembra mais nem do nome desse hotel. Encontra, porém, um condutor de carroça, um cocheiro, que conhece a sua língua e que ele espera que o ajude.

---

3   A tradução literal do italiano ("*gomito a gomito*") seria "cotovelo com cotovelo" [N.T.].

Há um sentimento de estar perdido, um perder as coordenadas, um esquecimento da mulher e dos filhos, ou, pelo menos, do "lugar" deles; há, porém, uma capacidade autoanalítica, uma função paterna que permanece vigilante. Depois, há um outro sonho no qual parece reencontrar mulher e filhos, e no qual revive a história de alguns amigos que atravessaram, com diferentes soluções, uma crise de meia-idade.

Mas a atitude de continência de Mario dura pouco, e ele não consegue se impedir de sair pela tangente, como assinala um sonho.

Estava inicialmente em um avião-torpedo-porém-de-brinquedo que fazia um percurso ao longo de canais subterrâneos: mas era um percurso conhecido, seguro e divertido. Num certo momento, acontecia algo e, repentinamente, abria-se uma nova estrada, não prevista; o avião de brinquedo tinha acesso a ela, descobria uma aparelhagem nova: uma espécie de broca rotativa que abria novos caminhos à medida que avançava, fora dos canais conhecidos. No sonho, Mario sente que está fascinado, mas também cheio de medo, "medo da aventura, medo de me soltar... de não poder voltar atrás...", então tenta regredir, após ter acionado a broca... é possível...

Mario não sabe o que fazer: teme se aventurar em territórios desconhecidos... mas está fascinado pela nova perspectiva. A situação é potencialmente explosiva, as forças em jogo são violentas, uma certa maniacalidade já está presente... mas há o sentido do perigo que freia.

Nesse meio-tempo, não somente sobe "a temperatura dos sonhos", mas também os encontros com Françoise despertam nele sentimentos, emoções que não se lembrava de sentir há tempos. Estuda cada palavra que ela diz, cada gesto, cada frase se torna fonte de possíveis promessas ou de grandes sofrimentos. Por que Françoise fica vermelha quando fala com ele sobre algo pessoal? E por que abaixa os olhos envergonhada quando fala da crise com o noivo do qual está prestes a se separar? São sinais de interesse e de disponibilidade? Imagina uma história com Françoise, percebe que gostaria de reviver seus últimos quinze anos, se casar, ter filhos pequenos... Os seus já estão grandes e seguem o caminho deles. Percebe que seria um autoengano e que o tempo, de qualquer forma, passa...

Mario tem um sonho no qual pessoas lhe mostram como se faz o vinho, confia nelas... tantas garrafas... Mario perde a cabeça. Decide confessar seu amor a Françoise, diz que, desde que estão juntos, tem tido febre. Françoise se diz envolvida, mas também assustada: ele é casado, tem filhos... porque, depois, ele fez tudo de forma tão precipitada... pede um tempo para pensar... se afastará por duas semanas para refletir... Mario percebe-se incrivelmente aliviado, a indecisão de Françoise lhe parece uma benção dos céus, passa qualquer tipo de angústia... insiste apaixonadamente, declarando seu amor: sabe que assim afastará cada vez mais a possibilidade de um sim total por parte de Françoise.

É nesse ponto que Mario me telefona e, depois do primeiro encontro, no qual me explica o problema, decidimos nos encontrar "da forma que for possível", com o objetivo de reativar sua autoanálise. Rapidamente, dá-se conta da impossibilidade de renunciar à mulher e aos filhos e de que o espera um luto muito profundo em relação às "outras histórias possíveis". Ele me relata, com emoção, o filme *Assim é a vida*, de Blake Edwards, com Jack Lemmon, visto por acaso na televisão, que conta justamente a crise de um homem que percebe que está envelhecendo.

O perigo e o evitar esse perigo são sinalizados por um sonho no qual Mario corre o risco de ser subjugado por um homem grande, violento e impulsivo, do qual depois consegue se esquivar, como sucessivamente se esquiva – novo Ulisses com as sereias – das seduções de um grupo de mulheres com traços muito marcados e exibidos. Comenta o sonho destacando o risco de um reativar-se de aspectos narcisícos-caractereopáticos com função antiluto em relação ao desejo de um tempo circular, que nunca acabe e retorne sempre sobre si mesmo. Depois, um conjunto de sonhos mostra essa "luta" entre a possibilidade de se afirmar das capacidades de luto e o desejo de negar o tempo e viver dando espaço ao próprio narcisismo.

Assim, em um sonho, joga no rio a Parker recebida de presente do pai pela "formatura"[4] e, em outro, sonha com um jardineiro que cuida dos pinheiros de um cemitério. Volta a sonhar consigo mesmo, ora como um adolescente, justamente com as roupas de que ele gostava naquela idade, ora como encarregado da "reestruturação" de um prédio. Depois, sonha consigo mesmo como um marginal, um pobre, um cigano, mas, na mesma noite, como alguém que procura as chaves para ir morar em uma nova casa confortável. Aos poucos, vai se dando conta das vantagens da nova situação, da segurança profissional e econômica, do crescimento dos filhos, da solidez dos afetos. Sonha depois que percorre as ruas de uma cidade do interior, embrenhando-se em ruas desconhecidas, nas quais existem lojas que funcionam como "válvulas unidirecionais", pode-se ir somente para a frente, não é possível voltar atrás. Eis a saída da ilusão da possível circularidade do tempo e o aceitar sua unidirecionalidade.

Sonha ainda com a cura de uma criança autística que assinala a saída da "bolha a-histórica" na qual, num determinado momento, havia se refugiado, perdendo o contato com a realidade e o tempo. Segue-se um rastro depressivo, com algumas pontas maniacais e erotizadas, mas rapidamente encontra um novo eixo "reestruturado e satisfatório".

---

4   Em italiano, *maturità*, que significa tanto o exame de conclusão do ensino médio quanto maturidade [N.T.].

Dez anos depois, vejo novamente meu engenheiro: sua vida transcorreu serenamente, teve reconhecimentos no trabalho, as filhas se casaram e ele me conta como foi difícil voltar a viver sozinho com a esposa: estiveram prestes a enveredar pela via do conflito atuado, que mascararia o luto – tipo *A Guerra dos Roses*, de Danny DeVito –, mas conseguiram evitar a armadilha.

Mas o motivo pelo qual me procura é me contar que, por volta de seu aniversário de sessenta anos, teve de novo uma "crise" que lembrou aquela já vivida: dessa vez, o cupido foi uma sala de bate-papo online: havia conhecido, "*chattando*" à noite, uma mulher relativamente jovem com a qual houvera um envolvimento intelectual, emocional e finalmente erótico crescente.

A mulher também era casada, por volta dos quarenta anos, e, mesmo dando-se conta de que ambos buscavam uma evasão "erotizada" em relação à aceitação de mais uma "boia" existencial, o jogo aos poucos havia envolvido ambos, até chegarem a trocar endereços de e-mail (o que não podia deixar de lembrar o filme *Mensagem para você*, de Nora Ephron e, por associação, *Amor à primeira vista*, de Ulu Grosbard), o que possibilitou a troca de longuíssimas mensagens e, finalmente, dos números de telefone.

Ambos haviam decidido "encontrar-se" numa tarde em uma cidadezinha próxima, já decididos a deixar-se levar, quando, no último minuto, optaram, em plena sintonia, por renunciar, tendo entendido o significado antálgico e erotizado dessa "paixão telemática".

Nesse ponto, Mario conta ter tido o seguinte sonho: estava em um trem, era talvez o único passageiro, encontrava-se ao lado do maquinista, que conduzia o trem de forma tranquila e segura, depois entravam em uma galeria na qual havia centrais elétricas, transformadores, com tensão muito alta, com faíscas, depois pilastras, gotas de água (lágrimas?), curvas fechadas; mas o trem, apesar desses perigos potenciais, prosseguia; ele estava preocupado, mas a segurança do maquinista o tranquilizava. Depois havia uma subida bastante íngreme, o trem parecia deslizar, mas o "maquinista", com mão segura, o trazia para fora da galeria, superando a inclinação muito alta... no final, estava fora do túnel.

Em outro sonho, estava com um companheiro de escola forte e seguro, que o protegia do assalto de alguns malandros: estava espantado e contente com a força e a fibra do amigo que o protegia. Essa segunda "crise de idade-dobradiça" termina muito mais rapidamente; Mario parece ter feito bom uso da crise anterior, de dez anos antes, e parece se oferecer aquele tanto de analgésico e euforizante necessário para superar a nova fase depressiva; parece atravessar as novas tensões emocionais violentas e sair delas sentindo poder confiar plenamente em uma parte de si mesmo.

Antes de me deixar, relata um sonho que me parece muito significativo, seja em relação a um acréscimo da capacidade de introspecção, seja em relação à capacidade de novos projetos e esperas: ia para Veneza, entrava num cinema pra ver um filme; de repente alguém lhe oferecia a oportunidade de alcançar algo escondido e secreto: uma espécie de alçapão e a entrada para um subterrâneo onde viviam homens e mulheres, ou melhor, "homenzinhos" não desenvolvidos, baixos, atarracados, alguns disformes, alguns dentro de barris, alguns "no cocô", abandonados na miséria, segregados, sem ar, sujos... em cima, um "em cima" não claramente definido, havia um outro "nível", com máscaras de nobres, espadachins... Mas eram do século XVII, sem sentido, anacrônicas. Saía do cinema impressionado e via uma espécie de carrasco-guardião com foice e martelo que se dirigia ao plano inferior para ceifar com a "foice" o emergir de qualquer grito, de qualquer necessidade.

O sonho "abre" a Mario a visão desse nível profundo de suas necessidades nunca ouvidas, nunca realizadas, mostra o anacronismo das escolhas narcísicas do passado e abre a possibilidade de uma nova escuta das próprias exigências vitais, que foram silenciadas pelo terrível carrasco superegoico, que se colocava como "morte" de qualquer impulso vital. Desde então, não tenho mais notícias de Mario; ele continua vivendo na França e, pontualmente, no Natal, sempre recebo seu cartão de felicitações.

Outro breve exemplo é aquele de um homem, um publicitário, que aos 55 anos começa a dar sinais de uma sintomatologia depressiva e ansiosa que, em vão, tenta curar com remédios. Desde o início, no primeiro encontro comigo, fala, muito alarmado, da crise da própria empresa, da qual não percebe mais as perspectivas futuras, da qual não percebe o estado de "saúde", angustiando-se o dia todo e, frequentemente, também à noite a respeito de seu destino. Inicialmente, tento abrir percursos afetivos, tornar transitáveis emoções ligadas ao tempo que passa, ao aniversário de 55 anos, à maneira diferente de se ver na família agora que os filhos cresceram. Mas são todos "caminhos" interrompidos, porque ele nega qualquer tipo de emoção ligada a este ou a outro acontecimento para voltar a falar das ocupações relativas à própria empresa: somente nesse ponto, jogando também com o "som" das palavras, digo que ele me lembrava Luiz XIV quando dizia: "L'État c'est moi!" e que me parecia que dizia: "A empresa sou eu!".

Para ele, é como uma espécie de fulguração, e ele aceita a ideia de uma série de encontros que poderiam terminar na escolha de um tratamento de tipo psicológico. Uma vez aberta essa brecha, emerge uma série de *alarmes* relativos ao "tempo de vida que lhe resta", a fazer as contas em relação à idade com a qual morreram seus pais e os amigos, alarmes também em relação a quando se aposentar e o que isso significaria: um período de férias eternas ou um terrível tédio de "O que vou fazer agora?" após a leitura do jornal da manhã. Emergem também alarmes relativos à solidão e, aos poucos, um brotar de percursos que, narrados, substituem a depressão e a ansiedade.

No título do capítulo, citei também as "crises de acontecimentos-dobradiça", querendo destacar que, além das crises no eixo das mudanças no tempo, existe também o tema relativo àqueles "acontecimentos" que mudam o curso previsto e previsível de uma vida. "Acontecimentos" em relação aos quais permanece inscrito na memória um divisor de águas profundo e significativo entre "o antes" e "o depois".

Trata-se de acontecimentos que se colocam como mudanças catastróficas, que envolvem um luto, uma reorganização e um novo eixo. Uma metáfora extraída da física poderia ser a do salto orbital. Na maioria das vezes, são acontecimentos traumáticos e imprevistos, como uma morte, um acidente, uma doença grave, que subvertem totalmente as organizações anteriores e a escala de valores habitual (Guignard, 2000). Segue-se um período de profunda dor pela perda da organização anterior, seguida por uma fase de reorganização e de aquisição de uma nova *Gestalt* frequentemente dolorosa, isso quando as coisas funcionam. Se as coisas não funcionam, é atuada toda uma série de vias de fuga, inclusive extrema, que podem ser utilizadas: desde o suicídio até as doenças e as atuações de natureza variada.

Uma especial declinação dessas situações foi bem descrita por diversos autores argentinos a propósito das análises em situações extremas, como durante a ditadura militar (Puget, Wender, 1987).

Mas, geralmente, é o que acontece por ocasião de lutos graves ou a pais de crianças com doenças agudas graves ou gravemente crônicas. A resignação, em muitos desses casos, não é fácil, também porque existe um sentimento de culpa em relação à própria saúde ou ao fato de continuar vivo que complica os processos de elaboração das emoções ativadas pela "mudança". Às vezes, trata-se simplesmente de fatos que poderiam também ser considerados banais, como acontece no filme já citado, *A guerra dos Roses,* no qual um casal, não conseguindo elaborar a separação dos dois filhos que partiram para a faculdade, não consegue se acostumar à nova situação e, após algumas tentativas de reorganização existencial, entra em uma situação de conflito muito violento – e que, na realidade, encobre a impossibilidade do luto – que levará o casal a atuações de violência caractereopática e de destruição, até a morte de ambos.

É também o que acontece com muitos casais com a chegada, por exemplo, de um filho gravemente deficiente, sendo bastante frequente que o mais frágil abandone o campo (e o sofrimento do qual este está permeado) para começar uma outra relação mais gratificante. A irrupção de uma grave doença faz ruir todo o sistema de seguranças anteriores e tolhe o valor de investimentos antes significativos, enquanto novos investimentos devem ser feitos. Há o reabrir-se de velhas feridas narcísicas, de vivências de injustiça, de sentimentos de culpa e de dor pelo outro. Não é fácil elaborar tudo isso e há situações nas quais é saudável que tal elaboração não se realize completamente, como testemunham os lutos de Freud pela filha Sophia e pelo neto, assim como, infelizmente, testemunham muitos exemplos da vida de todos os dias.

O sentimento de culpa tem a ver tanto com o "não feito" quanto com o se dar conta de não ter sido capaz de proteger a pessoa amada dos golpes que o destino pode infligir. Entendo por destino aquela soma de causalidades que acabam por guiar a vida em uma direção ou em outra independentemente das possibilidades de autodeterminação do indivíduo.

A dificuldade do luto está bem representada em um breve romance de Dino Buzzati, *O grande retrato*, no qual um cientista, o professor Endriade, não conseguindo se resignar à perda da pessoa amada, constrói uma enorme máquina que reproduz suas características. Uma espécie de representação da "não coisa" de Bion quando o acesso à elaboração da ausência está impedido.

Encontramos uma temática relativa à dificuldade do luto no belo filme de Nanni Moretti, *O quarto do filho*, no qual é narrado o acontecimento humano e emocional de um psicanalista que perde tragicamente um filho, e, na impossibilidade de continuar a trabalhar com os próprios pacientes, comunica a eles a suspensão – não se sabe se temporária ou definitiva – da própria atividade de trabalho.

Citei estes exemplos, mas poderiam ser infinitas as variações sobre o tema, presentes em todas as formas de expressão artística.

10. Psicanálise e narração

Na primeira sessão de análise, um paciente traz vários tinteiros, cada um dos quais correspondente a um tema a ser desenvolvido.

Alguns desses tinteiros já estão prontos para o uso; outros têm a tinta já "seca" e necessitarão de um diluente trazido pelo analista; outros só têm um resíduo de tinta ou estão vazios: serão aqueles mais difíceis de usar para escrever "histórias perdidas".

O trabalho do analista consiste em grande parte nessa cooperação narrativa por meio da qual, junto com o paciente, ele mergulhará a "caneta narrativa" para diluir em histórias o que está condensado, aglomerado no tinteiro (Ferro, 2000d).

Na realidade, as coisas são um pouco mais complicadas – porque aquilo que descrevi corresponde à situação ideal de um paciente particularmente adequado para a análise; em outras palavras, um paciente suficientemente fácil para o analista.

Acontece frequentemente que a tinta, em vez de trazida nos tinteiros, é espirrada em cima do analista, que precisa trabalhar esse "encharcamento" com a sua caneta narrativa para dissolvê-lo em uma história possível de ser assumida pelo paciente. Às vezes, o paciente não possui canetas, ou papel, ou os tinteiros nos quais deveria haver tinta são chatos, bidimensionais, como na Planolândia. Há então todo um trabalho anterior sobre os tinteiros, as penas, o papel, antes de poder dar início ao trabalho mais clássico da escrita (Arrigoni, Barbieri, 1998). Mas voltarei mais adiante a esses aspectos.

Agora gostaria de sublinhar como uma particularidade de cada análise é "a escolha do gênero narrativo". Este é escolhido também pelo analista segundo o modelo teórico que usa: uma reconstrução da infância e do romance familiar, o reconhecimento e a iluminação do mundo interno do paciente, uma acentuação das características da relação que se constitui entre analista e paciente, com diferentes graus de explicitação, ou a criação de um campo, de teatro afetivo onde ganham espessura, corpo e palavra todos os personagens que, pouco a pouco, habitarão a sala de análise, tornando pensável e exprimível aquilo que antes urgia sob forma de "condensado inexprimível".

Mas o *gênero narrativo* é, naturalmente, a cada dia escolhido e proposto pelo paciente. O que importa é a emoção ou a sequência de emoções que o paciente deseja exprimir ou deseja que seja expressa com a ajuda do analista.

Se as emoções são desorientação, angústia e sentimento de solidão, isso pode ser expresso com modalidades narrativas diversas.

- Com um *gênero notícia*: "Eu estava em Malpensa[1] quando, por causa da nevasca, todo o aeroporto parou e ninguém sabia como sair pela emergência". Ou então: "Vi na televisão algo que me chocou, alguns espeleólogos que, por causa da forte chuva, ficaram presos dentro de uma gruta, de onde

---

1 Malpensa: aeroporto da cidade de Milão [N.T.].

não sabiam como sair, já que a entrada da gruta estava alagada pelas águas de um rio que tinha transbordado. Eles ficaram no escuro e no frio".

- Com uma *lembrança da infância*: "Lembro-me de uma vez, quando eu era criança, que minha mãe havia se atrasado para me buscar na escola à tarde, estava ficando escuro, chovia e eu estava cada vez mais assustado".

- Com um *gênero sexual*: "Eu tinha esperado tanto a volta de Mônica para fazer amor, mas, logo após ela ter chegado, a vi de pijama e chinelo indo para o quarto de dormir com uma grande dor de cabeça". Ou então: "Ao fazer amor com Mônica, a senti tão distante e fria que não entendi mais com quem eu estava e o que estava fazendo".

- Com um *gênero de ficção científica*: "Li um livro no qual um extraterrestre chegava, após ter perdido a sua espaçonave na Terra, sem qualquer coordenada".

Naturalmente, poderíamos prosseguir ao infinito com os exemplos; o que eu gostaria de mostrar é como a psicanálise é o método que permite "diluir" as emoções em narrações e criar narrações que deem "corpo" e "visibilidade" às emoções. Para o analista, portanto, não é importante o relato em si, mas captar quais são as emoções que estão na origem do relato, que é um "derivado narrativo" delas próprias. (Ou, em outros casos, ajudar um paciente e criar um relato capaz de veicular emoções desconhecidas para ele.)

Mas o que fazer com os relatos dos pacientes? Muitos psicanalistas os interpretavam, isto é, quebravam a magia com frases do tipo: "O senhor está me dizendo que...", decodificavam ao paciente o sentido daquilo que ele havia dito.

Pessoalmente, considero essa operação, na maior parte das vezes, nociva, seja porque o paciente sente "desconfirmado" o próprio relato, seja porque se sente humilhado, mas especialmente porque o analista, dessa forma, faria uma mera operação de tradução simultânea em outra linguagem (a própria) em vez de ativar transformações (Williams, 2001).

Creio que a melhor forma de realizar transformações seja captar, periodicamente, as emoções subjacentes ao relato do paciente, fazendo com que ele sinta uma compreensão e um compartilhar de seu relato. Essa dinâmica ativa, progressivamente, a "competência narrativa" do paciente.

Talvez a questão seja um pouco mais complexa, porque deve ser considerado também todo o jogo que se refere à formação de imagens e a relação contínua entre estas e as narrações: as narrações criam imagens, mas, por sua vez, derivam de imagens (Badoni, 1997; Bonaminio, 1998).

Do meu ponto de vista, é tarefa do analista também favorecer a criação de coordenadas afetivas climáticas que ativem a capacidade *imaginativo-poiética* do paciente (Di Benedetto, 2000). Isso se dá fazendo com que ele vá, como aprendiz, ao laboratório analítico onde se formam imagens a partir do relato ou do "não dito" do próprio paciente (Bolognini, 1999; Fabbrici, 2000; Shon, 1997). A formação da imagem (a partir dos estímulos mais diversos) é aquilo que, por longo tempo, foi atribuído ao sonho (uma vez definido como a "principal via" em direção ao inconsciente); agora, muitos consideram que exista um nível onírico da mente sempre ativo – ainda que não nos demos conta – que continuamente cria imagens. Favorecer esse processo de formação de imagens e favorecer a capacidade de transcrição destas em narração são as tarefas específicas da psicanálise hoje (Demetrio, 1996; Chianese, 1997).

Um paciente volta após uma longa suspensão da análise, por ocasião das férias natalinas, relatando que adoeceu por causa do frio e teve uma longa febre, que durante as férias um furacão destelhou a sua casa, que teve dificuldades econômicas e que, ao retornar, fez uma aterrissagem com a máscara de oxigênio porque havia se quebrado o aparelho de pressurização do avião.

Seria fácil uma interpretação de manual: que as férias da análise o expuseram ao frio, como foram ativadas emoções violentas que o prejudicaram, como chegou na análise sem recursos (a conta no vermelho) e sufocando, com necessidade do oxigênio. Renuncio a esse tipo de decodificação, lembrando que, em uma ocasião na qual eu fiz uma interpretação desse tipo, entrou em cena, pela boca do paciente, "o terror que sentia quando o pai dirigia de forma perigosa" e o relato de um *serial killer* que matava as crianças.

Então, me limito a acolher e descrever as emoções que o paciente sentiu, dizendo que essas férias tinham sido um período difícil, no qual ele tinha estado mal, no limite das forças e com muito medo e sofrimento *pelo que havia acontecido*. Responde a essa minha intervenção (e gostaria de destacar como o texto da sessão é gerado em conjunto, a quatro mãos, em um perene devir) dizendo: "Mas no aeroporto tinha um amigo para me receber, e meu filho logo se ambientou ao voltar para casa, reencontramos os amigos, ainda que meu filho continue tendo medo de amizades muito íntimas que poderiam implicar relações sexuais".

A intervenção decodificatória seria simples aqui também: ele sentiu a minha intervenção anterior como acolhedora e ficou logo à vontade na sala de análise, ainda que tema uma aproximação excessiva. Mantenho essa interpretação na "área cozinha-analítica" e a ofereço, na "área-restaurante", assim cozida: "Deve ter sido bom, depois de tantas peripécias, encontrar um amigo afetuoso no aeroporto, e deve ter dado alívio reencontrar rostos amigos e lugares nos quais sentir-se à vontade, e é compreensível que o filho sinta a necessidade de manter uma 'distância de segurança'". Responde dizendo que o filho, porém, conheceu uma amiga que é capaz de manter a distância certa, e que isso o faz desejar, sem medo, que essa jovem amiga possa se aproximar mais... Aqui também não decodifico, mas recolho as emoções, dando início a outras transformações narrativas.

O analista, portanto, se coloca como alguém capaz de ouvir, compreender, captar e descrever as emoções presentes no campo e como uma espécie de "enzima" de transformações ulteriores. Isso acontece numa ótica na qual não há um inconsciente a desvendar, mas uma capacidade de pensar a ser desenvolvida, e em que o desenvolvimento da capacidade de pensar permite uma maior tomada de contato com regiões antes não percorríveis. Ou, mais radicalmente, o analista não decodifica o inconsciente, mas opera um desenvolvimento do consciente e um progressivo alargamento do próprio inconsciente, conforme a já citada expressão de Bion segundo a qual a psicanálise é uma sonda que alarga o próprio campo que explora.

O analista "opera transformações" também realizando mudanças de vértice: um jovem e brilhante advogado, extremamente cauteloso, que se relaciona de forma muito cuidadosa e nunca permite o contato emocional, relata um dia que, por ocasião de um congresso, o chefe do escritório no qual trabalha disse-lhe, no *hall* de um hotel: "O que você tem nessa bolsa, seiscentos preservativos?", fazendo alusão à sua suposta vivacidade sexual.

Intervenho dizendo que poderíamos mudar a cena do texto, pensando em alguém tão prudente e temeroso "nas relações" que se protege não com um, mas com seiscentos preservativos. O paciente "explode" numa risada, cria-se um clima mais caloroso e afetivo e ele entra em temas mais íntimos, dos quais antes havia se protegido usando, justamente, os seiscentos preservativos.

Outra característica do encontro analítico é a polissemia da narração: um paciente relata um sonho que descreve a sala de análise, na qual, além dele mesmo e do analista, estão seu filho de poucos meses, uma colega afetiva, uma pessoa que fala demais e lhe rouba preciosos minutos de análise e, por último, o teto, que parece se abrir; entra uma luz ofuscante e uma parede da sala cai, abrindo--se para um cenário de lugares da sua infância. A minha lembrança vai para a sessão anterior, quando apareceram temas mais íntimos e delicados, na qual, porém, eu tinha feito intervenções longas (falado muito), introduzindo temáticas de forma imprevista e perturbadora para o paciente. O paciente comenta a primeira parte do sonho, sem acrescentar nada de significativo, e se detém na segunda parte, na qual acontecia algo de imprevisto e não controlável por mim, que o tirava do lugar, ainda que não houvesse perigo, pois havia uma empresa que iria reformar o consultório. Detenho-me, com o paciente, no fato de a sala de análise se povoar, no sonho, de vários personagens – presenças tenras, como a criança; presenças afetivas, como a amiga; presenças antipáticas, como a pessoa que falava muito – e, por último, no fato de que a cena final do sonho ficava, do meu ponto de vista, entre uma cena de terremoto – na qual cai o teto e uma parede desaba – e as palavras de uma velha canção, "O céu dentro de um quarto", da qual eu lembrava o verso "o quarto não tem mais paredes". Portanto, me parecia que o sonho remetia tanto a sentimentos de medo quanto ao surgir de algo novo, à abertura de imprevisíveis cenários... O paciente prossegue "habitando" e animando o cenário infantil que se abriu...

Na minha cozinha, naturalmente, penso no efeito complexo que certas observações minhas do dia anterior haviam provocado, um efeito perturbador, de medo, mas também de ampliação de sentido. Penso também em como ele sentia alargar-se o horizonte e se abrirem cenários da lembrança. Ao mesmo tempo, penso em uma fragilidade sua em relação a certos temas "fortes" que o abalam, mas penso também – por um outro vértice – em como ele faz a descrição exata de um momento difícil para mim, do ponto de vista emocional, no qual eu me sinto em uma fase sísmica da vida, ainda que eu espere que a minha empresa de reformas possa consertar os estragos.

É a última sessão da semana desse paciente e eu não posso me impedir de pensar que, por um outro vértice, ainda há o terremoto da separação, mas a emoção "separar-se" é colocada em cena pelo paciente pela entrada de um personagem, Aurelio, que gostaria de ficar com ele o maior tempo possível e que não entende que ele tenha também outras coisas para fazer, como ficar com a mulher e os filhos. Trabalhamos sobre "Aurelio" e a necessidade de "Aurelio" ter alguém perto e não ficar nunca sozinho, por meio de uma outra articulação narrativa, feita pelo paciente, quando diz que ele também, quando pequeno, se comportava com a mãe da mesma forma que Aurelio.

O conceito de transferência

Frequentemente, muitos "pacientes" fazem escolhas de objeto que eu definiria como "traumatofílicas", no sentido de que recolocam o tipo de relação que, na época de seu surgimento, foi traumático – isso acontece também porque existe a esperança de poder novamente gerir a situação, que naquela época foi vivida como "desastrosa", com instrumentos mais adequados do que aqueles disponíveis na época (geralmente a primeiríssima infância). No fundo, há o recolocar-se de um problema não resolvido, na esperança de que agora se disponha de "soluções possíveis" que o tornem menos prejudicial.

Nessa "repetição do trauma", que deverá habitar também a sala de análise, encontramos uma das *raízes históricas* da psicanálise: a importância fundante das experiências infantis. Existem pacientes que continuam narrando, ao longo da vida, as peculiaridades desse drama, construindo situações e escolhendo vínculos que continuamente dão forma e substância ao trauma. A experiência infantil traumática torna-se a organizadora de toda a vida mental e da própria vida. A análise torna-se então aquele lugar no qual, num certo ponto, poderão ser reconstruídas, "pedaço emocional por pedaço emocional", as cenas traumáticas originárias; o lugar no qual, se o analista, o paciente e o *setting* seguram, se pode transformar esse cenário originário.

Um paciente tinha tido uma infância cheia de abandonos, traições e enganos por parte dos próprios pais. Depois de alguns anos de análise muito frutíferos, chegamos imperceptivelmente a uma situação de impasse – ainda que só aparente – na qual o paciente, por anos, recolhe uma série de fragmentos de notícias sobre a vida do analista, fragmentos de comportamentos seus e de suas comunicações, até construir uma cena na qual possui as provas de ter sido traído pelo analista, as provas da sua total falta de confiabilidade e as provas do fato de ele não cuidar do próprio paciente.

Este é um ponto crucial: aqui a análise se atola, aqui a análise se interrompe, aqui a análise pode ter uma reviravolta: conseguir desmontar e transformar a vivência originária, que da história chegou na sala de análise, único lugar no qual poderá ser modificada, para voltar, talvez, pelo menos em parte, a habitar uma história infantil modificada.

O trauma infantil

Por trauma infantil, entendo a *Gestalt* narrativa formada pelo conjunto das experiências traumáticas de determinado paciente. A experiência traumática, naturalmente, pode ser uma macroexperiência traumática, mas frequentemente é um acúmulo sinérgico de microexperiências traumáticas repetidas. Essas microexperiências traumáticas cumulativas levam ao sintoma, que pode ser também uma disfunção da capacidade de pensar ou viver emoções.

O problema é sempre de proporção ou desproporção entre cotas de sensorialidade e protoemoções que uma experiência causa e a capacidade/incapacidade de uma aparelhagem adequada para transformar os *inputs* recebidos em experiências "pensáveis". Aquilo que não é pensável é evacuado ou é enquistado, à espera de pensabilidade.

A sexualidade infantil

Esta é outra "raiz histórica" da psicanálise, inicialmente entendida num sentido restrito, como sexualidade corpórea da criança. Penso que hoje possa ser confirmada como ponto base da psicanálise (Widlocher, 2002), mas ampliando-a até significar uma sexualidade entre as mentes, e portanto uma modalidade de estar em relação. Não existe um estar em relação que não implique um acasalamento mental, isso porque as identificações projetivas são uma modalidade básica de comunicação. Uma disfunção "sexual" entre as mentes pode ser narrada por meio de um dialeto, um roteiro de tipo sexual; naturalmente, pode ser narrada também de outras formas. Por outro lado, a relacionalidade é pré-requisito para o acender do mental desde o início da vida.

O mesmo critério vale para o relato de sexualidade adulta, que pode ser considerada a partir do vértice de um roteiro que fala do funcionamento psíquico e relacional do paciente. Um paciente relata não poder suportar a visão de genitais femininos e não poder ter, "consequentemente", relações sexuais. Conta ter ficado perturbado só por ter visto, na praia, uma menina nua que mostrava a "terrível ferida"; lembra depois de ter passado mal quando, em uma viagem à África, soube que, em certas tribos, as moças perdem a virgindade "cavalgando" os dromedários.

Conta, depois, da colonoscopia que precisou fazer com uma longuíssima sonda. E depois volta a falar dos genitais femininos como corte, laceração, ferida.

Evitando a leitura escolástica das angústias de castração, fica evidente como a "mulher" é ferida, dilacerada, sangrenta. Isso porque, sem que ele saiba, com sua parte "cindida", a massacra e fere *antes* que ele chegue, e quando chega não pode mais acasalar-se com quem já foi "cavalgada" pelo dromedário. A leitura intrapsíquica remete, naturalmente, aos seus próprios aspectos femininos, continuamente "feridos e dilacerados" pelos seus aspectos não contidos e violentos. Violentos porque ainda não "pensáveis".

Mas não é diferente a história de um outro paciente que propõe a mesma "fábula" com um enredo diferente, isto é, com um diferente cenário narrativo, não sexual. Massimo era um paraquedista de um corpo de elite, e, por "andar com más companhias", o pai o pressionou para entrar no exército. Em seguida, participou de várias missões no exterior, onde viu muitas pessoas massacradas e trucidadas. Repentinamente, eclodiram os ataques de pânico e ele passou a ter medo de dormir sozinho em casa; a mulher se afastou há um certo tempo e ele teme que ela também possa traí-lo.

Também neste caso não podemos deixar de ver o avançar de partes e aspectos desconhecidos, "as más companhias", que voltam a irromper na sua vida mental e fazem com que tema a possibilidade de atuações violentas, das quais tem medo de não conseguir se esquivar, como aquelas causadas pelos "ciúmes" que ainda não sabe que sente em relação à mulher e que são, por sua vez, uma reedição das protoemoções que na infância nunca haviam se tornado digeríveis.

Mas a mesma história poderia ser narrada ainda de outra forma.

Anna, que agora tem 15 anos, quando pequena foi uma menina que não encontrava "lugar" na mente dos pais, desenvolvendo uma série de doenças psicossomáticas e passando por diversas fases de anorexia. É descrita pelos pais como "muito boazinha e condescendente". Iniciada a terapia, logo traz sonhos.

No primeiro, está na casa da avó e tem que ir em direção ao depósito de alimentos no porão, do qual é possível chegar à horta. Ouve barulhos, "é o vovô", pensa, mas, ao contrário, surge um "homem com a faca" que quer furá-la, mas ela dá um chute em suas mãos, foge e telefona para a polícia.

No segundo sonho, está em sua casa e ouve barulhos vindos da fechadura da porta de entrada, "é a mamãe", pensa, mas, ao contrário, é um ladrão. Ela pega um revólver e o ladrão diz: "Você quer matar uma alma indefesa?". E ela retruca: "Você quer matar, mas eu mato você", e o mata. Mas ele, em vez de estar "morto", continua vivo... Chegam depois os pais e ela desaparece... enquanto pensa "agora você irá para a cadeia".

As partes cindidas assombram e, naturalmente, podem ser vistas como terrores que se ativam no contato com o analista ou como funcionamentos cindidos aterrorizadores, mas que falam sempre da mesma história, isto é, são expressões de uma sexualidade infantil entre as mentes (ou intrapsíquica), e não de uma forma relacional adulta.

Em uma sessão, Anna começa dizendo que precisa comer "só alimentos cozidos em água e sal"[2] e, ao se sentir mal compreen-

---

2 "*In bianco*" ("em branco"), no original [N.T.].

dida pelo terapeuta, relata um sonho no qual "a tia tinha sofrido um acidente de carro porque passara no sinal amarelo". Portanto, a irritação e o choque são imediatos, em função do surgimento de emoções terrivelmente violentas, se não se sente imediatamente compreendida e acolhida.

Depois de outra intervenção do terapeuta, acrescenta: "Preciso ficar atenta ao que bebo ou como, porque o chá inflama, a laranja inflama, os morangos inflamam, as bananas inflamam". Então, cada palavra pode se tornar algo capaz de inflamar aqueles aspectos adormecidos, que, no entanto, logo podem se incendiar em emoções não contidas.

Não é diferente a história de Daria, uma garota de catorze anos que tem uma série de tiques, e que, fora isso, é uma mocinha exemplar. Fica imediatamente evidente que os tiques são uma forma de evacuar protoemoções que, de outra forma, não seriam administráveis. Também as entrevistas são dificílimas, até que o analista (Bassetti, 2001) tem a ideia de propor a construção conjunta de um desenho. Desenha então duas linhas curvas, e o desenho é continuado por Daria e intitulado "O gato Tobi com as botas". No segundo plano do desenho, há algumas nuvenzinhas azuis que parecem, de fato, as escamas de um dragão que se parece com um gato, ou melhor, com um coelho, um animal domesticado, como domesticada parece também Daria.

Mas, ao mesmo tempo que desenha, começam a brotar histórias em associação ao desenho, das mais "banais" até aquela de um cachorro louco que devorou um bezerro e um outro cachorro... àquela de um amigo, aparentemente um bom moço, mas, na realidade, um "marginal"... E é assim que cada "escama do dragão" (as nuvenzinhas azuis), em vez de ser evacuada, pode se tornar uma história.

O tema de fundo desses casos é sempre o mesmo, isto é, o problema das falências relacionais precoces, que determinaram o fenômeno de uma sexualidade infantil da mente, explosiva e que, com várias estratégias, deve ser desativada, até que o encontro com uma mente disponível possa permitir o início de transformações.

A interpretação

Toda comunicação do paciente deve ser "vista" por parte do analista em diferentes telas ou cenários: o histórico (externo), o do mundo interno (objetos internos), o relacional (relação atual analista-paciente) e o do campo que os inclui e sintetiza todos com um alto grau de não saturação (Chianese, 1997).

A interpretação poderá naturalmente ser dirigida, ou ser tangencial, a um ou mais dos tais cenários (Tuckett, 1993; Rossi, 1994; Robutti, 1992; Renik, 1997; Nissim Momigliano, 1984; Micati, 1993).

Além disso, é importante ouvir o que o paciente "diz" depois de uma interpretação nossa como algo que provém da história, do mundo interno, mas também como algo que é um comentário em tempo real à nossa interpretação.

Se um paciente fala do próprio pai, famoso homem político, fala então de um fato (ou personagem) histórico, de um fato (personagem) do mundo interno, de um fato (personagem) da atualidade relacional com o próprio analista e de um fato (personagem) vetor de algo no campo, que se ativa na sala de análise. E se tal paciente, depois de uma interpretação, falar de um *cowboy* que atira, depois dos brilhantes discursos do pai, essas "respostas" teriam a ver, em diferentes graus, com os mundos descritos. Para o analista, o mundo atual do campo é particularmente significativo por ser lugar de transformações.

Quando o analista "intervém", é importante saber que pode dispor de um conjunto de instrumentos: desde aquelas intervenções absolutamente abertas e não saturadas que eu chamo de "interpretações-Chancy" (é clara a referência a Peter Sellers em *Muito além do jardim*, de Hal Ashby, e que no passado eu tinha chamado de "interpretações-Pateta"), nas quais são acenadas imagens metafóricas, que são preenchidas de significado pelo outro, até a possibilidade de captar e descrever as emoções presentes na sala de análise, ou ainda um trabalho de alfabetização no qual se procura ajudar o paciente a se apropriar de um abecedário emocional, ou também favorecer a possibilidade de que "um significado" apareça (e o significado é como a Nossa Senhora – como disse um menino em análise –, precisa esperar que apareça), até explicitações saturadas de transferência de conteúdo, centradas no aqui e agora ou no mundo interno do paciente.

Um paciente pede, com insistência, para ser acompanhado a fazer compras ou, pelo menos, que eu vá com ele até o andar de baixo. Não é fácil fazer com que compreenda que – em análise – posso ajudá-lo a entender e a pegar as coisas de que necessita (as compras) ou ajudá-lo a ver o que há num andar seu mais profundo, mas, para que haja análise, não pode existir uma resposta "concreta e atuada de acordo com seus pedidos".

Aceitar esse ponto de vista implica também fazer o luto por tudo aquilo que não teve quando criança e que – da forma como então teria desejado – não poderá mais ter. Na sessão seguinte, traz uma série de sonhos: no primeiro, está num ônibus que deveria trazê-lo à sessão, mas o ônibus permanece parado; depois, desesperado, corre atrás do último ônibus que poderia trazê-lo para a sessão.

No segundo, a casa de campo está cheia de ratos – que devoram o rosto das pessoas. No terceiro, precisa fazer xixi, mas o faz fora do condomínio porque a porta do banheiro está fechada.

Esses sonhos me permitem mostrar a ele tanto sua própria consciência de que a análise está parada como o ônibus – se não aceita mudar o próprio ponto de vista sobre aquilo que a análise pode lhe dar – quanto que ele também está preocupado em estragar a oportunidade da análise; além disso, posso lhe mostrar como ele continuamente fica se roendo – como fazem os ratos – sobre aquilo que não teve e aquilo que a análise não pode lhe dar concretamente e como esse é um remoer estéril; e, por último, como ele segura as próprias necessidades, pensando que a porta da minha disponibilidade está fechada. A interpretação saturada e unívoca dos sonhos recoloca a análise em movimento. Digo isso para assinalar que existem situações nas quais a intervenção do analista deve ser ativa, pontual e também unívoca.

Mas a arte do psicanalista está justamente em regular a "respiração" do campo analítico: desde a não saturação-inspiração, que expande o campo, até a saturação-expiração, que colapsa o campo numa escolha interpretativa. O analista, de certa forma, se coloca como o centro respiratório que deve constantemente modular – segundo as necessidades – a respiração do campo.

A realidade externa

Uma pergunta que frequentemente retorna quando se fala de "campo" e de "personagens" (inclusive não antropomórficos) da sessão é como considerar o fato de que "o paciente fala de algo *realmente* verdadeiro, algo de que não poderíamos não falar, por exemplo, de um tumor".

Não há dúvida de que, nesse caso, não é possível deixar de seguir a fala do paciente no seu significado manifesto e entrar em contato com a dor, o terror, o transtorno que a entrada do "tumor" na sala de análise implica.

Mas não tenho dúvidas – com a condição de que a análise prossiga e de que, portanto, exista a tríade paciente, analista e *setting* – de que eu serei levado a desconstruir (Bolognini, 2004) o tumor da sua condição de realidade externa e tentar entender o que ele significa para além do aspecto que assume na sessão, na peculiar angulação de holograma afetivo (Ferro, 1996d, 1996e). Naturalmente, isso vale enquanto tem sentido a manutenção de um *setting* psicanalítico.

Após uma fase de trabalho produtivo, com Marcella se apresenta novamente um longo período de "letargia", com um retorno do tédio que parece congelar tudo. Consigo entender, porém, como ela tece essa manta que me adormece: Marcella usa um tom absolutamente uniforme de narração e avança por coordenadas, "e... e... e...", sem que existam frases principais e subordinadas que ajudem a diferenciar, a distinguir as comunicações importantes daquelas acessórias. Mascara qualquer possível diferença conferindo a todas as frases um igual valor sintático. Isso acontece tanto no interior de cada sessão quanto na articulação de várias sessões entre si. Nesse mar eu me perco, quase adormeço, embalado por essas ondas todas iguais.

Qualquer tentativa minha de interpretar ou, pelo menos, descrever aquilo que acontece, depois que falamos de "emoções", resulta completamente em vão, até que irrompe um acontecimento terrível: "o clínico geral viu o pescoço inchado, pediu exames e, a partir deles, em poucos dias, foi detectado um tumor com células cancerosas". É a irrupção de uma tempestade que tumultua aquele mar chato. Começa o longo calvário dos exames e a decisão sobre a necessidade de uma "intervenção urgente".

Não posso deixar de seguir todas essas comunicações, pela sua dramaticidade e urgência, *também* ao longo de seu significado de realidade externa, mas sinto cada vez mais a exigência de encontrar um significado para aquilo que tenha a ver com o interior da sala de análise. A paciente fala da necessidade que talvez exista de tirar um "*lobo*" da tireoide. Acrescenta que não pode falar de tudo isso com a *mamãe* porque teme que esta não saberia como enfrentar a coisa; diz ainda que não se sabe se trata-se de um tumor papiliforme ou folicular.[3]

Nesse ponto, sinto-me obrigado a fazer – eu também – uma *intervenção* e pergunto à paciente se ela tem alguma coisa na garganta que não consegue sair, que teme que seja algo de muito maligno, talvez louco, e que teme não poder me dizer por medo de que eu não saiba como enfrentar essa coisa. Marcella parece reter o fôlego, até que, com voz aterrorizada, me diz que existe mesmo algo do qual nunca ousou falar em todos esses anos de análise, que, aliás, é o verdadeiro motivo pelo qual pediu a análise, ainda que sempre tenha pensado que jamais ousaria falar disso, nunca mesmo. Está aterrorizada ante a ideia de ser louca, mas, por outro lado, aquilo que vê é indiscutível: sua casa é habitada por fantasmas... Ganha vida, assim, uma narração que nos permitirá fazer uma quimioterapia do "tumor" também dentro da sala de análise.

A certa altura, ela me pergunta se o que sente são alucinações. Respondo que me parecem mais sonhos de olhos abertos, aos quais não devemos negar o direito de se manifestarem.

---

3 "*Follicolare*", no original. Há uma evocação, na composição da palavra, a "loucos" ("*folli*") [N.T.].

Encontro-me assim, por sessões e sessões, a descobrir esse mundo de fantasmas e a me movimentar com medo nesse espaço que, em certos momentos, penso francamente delirante e que, em outros, me parece, ao contrário, mais um espaço de jogo, no qual é possível começar a encontrar um sentido compartilhável. Sou salvo – inclusive de um ponto de vista técnico – pela lembrança de uma peça de Eduardo de Filippo, *Estes fantasmas*, na qual ele mostra como o protagonista interage com presenças na casa em que mora, considerando-as, com naturalidade, fantasmas, com os quais estabelece relações significativas.

Segue-se, nesse ponto, a intervenção cirúrgica em um setor de oncologia. O diagnóstico histológico confirma que não se trata de um tumor folicular, e sim papiliforme. A paciente, aliviada, acrescenta que, enquanto o primeiro é muito grave e é um nódulo "frio", o segundo é um nódulo "quente". Temos, assim, acesso ao tema das paixões e, como a paciente explica, "o tédio foi uma forma de saltar por cima das brasas das paixões". Também os fantasmas remetem, então, a algo de passional e quente, ainda que encistado, e não a algo de frio e paranoide. Não nego ter sentido medo de um perigoso acender-se de uma passionalidade de fogo enquanto o discurso dos fantasmas ainda estava em plena tessitura.

A metabolização dos fantasmas e a colocação da cena deles dentro da paciente determina o milagre: desaparece o tédio, desaparece o sono. Ativam-se emoções muito vivas, até violentas, cujo tema é "não ter um lugar para si". Isso remete a sua história infantil, quando, ainda que houvesse vários quartos, tinha-lhe sido designado – em vez de um quartinho – um lugar provisório e móvel na sala de estar (assim vive também a precariedade do divã, que não é sempre seu); esse significado remete também a uma mãe muito "entulhada", que só tinha lugar para as próprias angústias hipocondríacas, e não para as ânsias e preocupações ou os projetos da filha.

Marcella vive de forma muito violenta os eventuais saltos de sessão: é a prova tangível de que, para ela, não há lugar, e isso se dá com um séquito de fúria e desespero.

Esse despertar passa, também, por uma *rêverie* minha quando, depois de uma frase dela ("encontro-me diante de um *muro de borracha* contra o qual posso bater, mas ninguém me responde"), surgem na minha mente as salas de contenção estofadas dos velhos setores de psiquiatria. Comunico isso a ela, que se sente tocada e comovida. As emoções só podiam ser adormecidas ou contidas nas salas dos loucos furiosos.

Em um sonho, aparecem os zulus, que lhe dão medo, mas agora as emoções primitivas não estão mais adormecidas e, não mais existindo o muro de borracha, as emoções podem aparecer, ainda que assustem.

Após um salto de sessão, ela sonha que haviam se quebrado as chaves de casa, e isso com uma angústia que ela nunca havia experimentado, uma angústia negra. "Negra como os zulus", eu digo.

Por outro lado, devo dizer que, em todos os meus anos como analista, nunca recebi uma comunicação de "realidade externa" que – a partir de determinado vértice – não tivesse também um significado marcante pregnante para a análise. Outra avaliação a se fazer é se esse significado deve ser interpretado ao paciente ou se deve permanecer na mente do analista até que possa ser revelado ao paciente de maneira construtiva.

Os conceitos clássicos

Outras perguntas recorrentes referem-se ao que acontece, em um modelo "narratológico-transformador de campo", com conceitos como resistência, defesas, objetos internos, fantasias inconscientes.

Creio que seja importante aceitar que esses conceitos, pertinentes e centrais em outros modelos, perdem o significado na ótica à qual me refiro habitualmente e da qual falei abundantemente neste livro.

Naturalmente, creio que todo analista deva conhecer e saber utilizar também outras linguagens psicanalíticas, seja porque é imprescindível que possa se sentir livre em seu interior, seja para encontrar possibilidades de entendimento, de troca e, portanto, de enriquecimento com colegas que utilizam outras modelizações. Por outro lado, eu penso nos conceitos, nas estruturas, como dotados de um valor provisório, como instrumentos para pensar e não como coisas que tenham valor em si, ao ponto de se tornarem "ídolos" (Britton, 2001) que vinculam o desenvolvimento do pensamento. Um ponto-chave do meu pensamento refere-se, portanto, à maneira pela qual as narrações permitem transformações e ao modo pelo qual as transformações acontecem por meio das narrações.

Referências

Amati Mehler, J., Argentieri, S., Canestri, J. (1990), *La Babele dell'inconscio*. Raffaello Cortina, Milão.

Ambrosiano, L. (1997), "Cristallizzazione, dissolvenza e trasformazioni". In Gaburri, E. (Org.), *Emozione e interpretazione*. Bollati Boringhieri, Turim.

Ammaniti, M., Stern, D. N. (1991) (Org.), *Rappresentazioni e narrazioni*. Laterza, Roma-Bari.

Andrade de Azevedo, A. M. (1996), "Interpretation: revelation or creation?". Apresentado no congresso *Bion in São Paulo: Resonances*, São Paulo, 14 nov.

Arrigoni, M. R, Barbieri, G. L. (1998), *Narrazione e psicoanalisi*. Raffaello Cortina, Milão.

Artoni Schlesinger, C. (1997), "Memorie delle mie 'non memorie'. Cenni sulla vita mentale in un periodo di offuscamento della coscienza per una grave malattia". In Algini, M. L. (Org.), *La depressione nei bambini*. Borla, Roma.

Badoni, M. (1997), "Intreccio di immagini e costruzioni: l'ambiente di cura". In *Quad. Psicot. Infant.*, 36.

Barale, F., Ferro, A. (1987), "'Sofferenza mentale dell'analista e sogni di controtransfert". In *Riv. Psicoanal.*, XXXIII, 2, pp. 219-233.

Barale, F., Ferro, A. (1992), "Negative therapeutic reactions and microfractures in analytic communication". In Nissim Momigliano, L., Robutti, A. (Org.), *Shared Experience: the Psychoanalytic Dialogue*. Karnac, Londres.

Baranger, M. (1992), "La mente del analista: de la escucha a la interpretación". In *Revista de Psicoanálisis*, XLIX, n. 2, p. 223.

Baranger, M., Baranger, W. (1961-62), "La situación analítica como campo dinámico". In *Revista Uruguaya de Psicoanálisis*, IV, pp. 217-229.

Baranger, M., Baranger, W. (1964), "L'insight nella situazione analítica". Tr. it. in *La situazione psicoanalitica come campo bipersonale*. Raffaello Cortina, Milão, 1990.

Baranger, M., Baranger, W. (1969), *Problemas del campo psicoanalítico*. Kargieman, Buenos Aires.

Baranger, M., Baranger, W., Mom, J. (1983), "Process and no-process in analytic work". In *International Journal of Psychoanalysis*, 64, pp. 1-15.

Baranger, M., Baranger, W., Mom, J. (1988), "The infantile psychic traume from us to Freud: pure traume retroactivity and reconstruction". In *International Journal of Psychoanalysis*, 69, pp. 113-129.

Baruzzi, A. (1985), "Il desiderio di sapere". *Riv. Psicoanal.*, XXXI, 2, p. 173.

Baruzzi, A. (1987), "La fine dell'analisi". In *Gruppo e funzione analitica*, VIII, 3, p. 265.

Baruzzi, A. (1998), "Prefazione". In Bion, W. R., *Memoria del futuro. Presentare il passato*. Tr. it. Raffaello Cortina, Milão.

Bassetti, A. (2001), Comunicação pessoal.

Bezoari, M., Ferro, A. (1989), "Ascolto, interpretazioni e funzioni trasformative nel dialogo analitico". In *Rivista di Psicoanalisi*, XXXV, 4, pp. 1015-1051.

Bezoari, M., Ferro, A. (1990), "Elementos de un modelo del campo analítico: los agregados funcionales". In *Revista de Psicoanálisis*, 5/6, pp. 847-861.

Bezoari, M., Ferro, A. (1991a), "L'oscillazione significati-affetti". In *Riv. Psicoanal.*, XXXVIII, 2, pp. 380-403.

Bezoari, M., Ferro, A. (1991b), "From a play between 'parts' to transformations in the couple. Psychoanalysis in a bipersonal field". In Nissim Momigliano, L., Robutti, A. (Org.), *Shared Experience: the Psychoanalytic Dialogue*. Karnac, Londres, 1992.

Bezoari, M., Ferro, A. (1992a), "The dream within a field theory: functional aggregates and narration". *In Journal of Melanie Klein and Object Relations*, 17, 2, pp. 333-348.

Bezoari, M., Ferro, A. (1992b), "I personaggi della seduta come aggregati funzionali del campo analitico". In *Notiziario SPI*, Supplemento 2, pp. 103-115.

Bezoari, M., Ferro, A. (1994), "Il posto del sogno all'interno di una teoria del campo analitico". In *Rivista di Psicoanalisi*, XL, 2, pp. 251-272.

Bezoari, M., Ferro, A. (1996), "Mots, images, affects. L'ouverture du sens dans la rencontre analytique". In *Revue Canadienne de Psychanalyse*, 4, 1, pp. 49-73.

Bianchedi, E. T. (1995), "Creative Writers and dream-work-alpha". In *On Freud's Creative Writers and Day-dreaming*. Yale University Press, Londres.

Bion, W. R. (1959), *Analisi degli schizofrenici e metodo psicoanalitico*. Tr. it. Armando, Roma, 1970.

Bion, W. R. (1962), *Apprendere dall'esperienza*. Tr. it. Armando, Roma 1972.

Bion, W. R. (1963), *Gli elementi della psicoanalisi*. Tr. it. Armando, Roma, 1983.

Bion, W. R. (1965), *Trasformazioni. Il passaggio dall'apprendimento alla crescita*. Tr. it. Armando, Roma, 1973.

Bion, W. R. (1972), *Attenzione e interpretazione*. Tr. it. Armando, Roma, 1973.

Bion, W. R. (1974), *Il cambiamento catastrofico*. Tr. it. Loescher, Turim, 1981.

Bion, W. R. (1975), *Memoria del futuro. Il sogno*. Tr. it. Raffaello Cortina, Milão, 1993.

Bion, W. R. (1976a), "Evidenze". Tr. it. in Bion, W. R. (1987).

Bion, W. R. (1976b), "A proposito di una citazione tratta da Freud". Tr. it. in Bion, W. R. (1987).

Bion, W. R. (1978a), *Discussioni con W. R. Bion*. Tr. it. Loescher, Turim, 1981.

Bion, W. R. (1978b), "Arrangiarsi alla meno peggio". Tr. it. in Bion, W. R. (1987).

Bion, W. R. (1980), "Bion a Nova York e San Paolo". Tr. it. in Bion (1978a).

Bion, W. R. (1983), *Seminari italiani.* Tr. it. Borla, Roma, 1985.

Bion, W. R. (1987), *Seminari clinici.* Tr. it. Raffaello Cortina, Milão, 1989.

Bion, W. R. (1992), *Cogitations.* Tr. it. Armando, Roma, 1997.

Bion, W. R. (1997), *Addomesticare pensieri selvaggi.* Tr. it. Franco Angeli, Milão, 1998.

Boccara, P., Riefolo, G. (2000), Comunicação pessoal.

Bolognini, S. (1997), "Empatia e patologie gravi". In Correale, A., Rinaldi, R. (1997), *Quale psicoanalisi per le psicosi?* Raffaello Cortina, Milão.

Bolognini, S. (1999), *Come vento, come onda.* Bollati Boringhieri, Turim.

Bolognini, S. (2004), *Deconstruire.* Dunod, Paris.

Bonaminio, V. (1993), "Del non interpretare". In *Rivista di Psicoanalisi*, 39, p. 3.

Bonaminio, V. (1998), "Dall'analisi al sogno, dal sogno all'analisi. In *Riv. Psicoanal.*, 44, p. 1.

Borgogno, F. (1997), "Parla il campo. Immagini e pensieri". In Gaburri, E. (Org.), *Emozione e interpretazione.* Bollati Boringhieri, Turim.

Borgogno, F. (1999), *La psicoanalisi come percorso.* Bollati Boringhieri, Turim.

Britton, R. (2001), La *déification de la personne ou du processus: l'idôlatrie et le fondamentalisme dans la pratique psychanalytique.* In *Bulletin FEP*, 55, pp. 71-85.

Calvino, I. (1973), *Il castello dei destini incrociati*. Einaudi, Turim.

Cancrini, T., Giordo, G. (1995), "Una nave nella tempesta, le bottiglie nel mare: funzioni comunicative e creative del disegno infantile nel rapporto analitico". Apresentada no Congresso Nacional de Análise Infantil, Milão.

Caper, R. (1988), *Immaterial Facts*. Aronson Northale, Nova Jersey.

Caper, R. (1999), *A Mind of One's Own*. Routledge, Londres.

Chasseguet-Smirgel, J. (1985), *L'ideale dell'Io*. Tr. it. Raffaello Cortina, Milão, 1991.

Chianese, D. (1997), *Costruzione e campo analitico*. Borla, Roma.

Corrao, F. (1981), "Il modello trasformazionale del pensiero". In *Rivista di Psicoanalisi*, 3, 4, p. 673.

Corrao, F. (1991), "Trasformazioni narrative". In *Orme*, vol. 1. Raffaello Cortina, Milão, 1998.

Corrao, F. (1992), *Modelli psicoanalitici: mito, passione, memoria*. Laterza, Roma-Bari.

Corrente, G. (1992), "Trasformazioni del Campo☒Identità". In *Gruppo e Funzione Analitica*, 2.

De Leon de Bernardi, B. (1988), "Interpretación, acercamiento analítico y creatividad". In *Revista Uruguaya de Psicoanálisis*, novembre, pp. 57-58.

De Masi, F. (1996), "Strategie psichiche verso l'autoannientamento". In *Riv. Psicoanal.*, XLII, 4, p. 549.

Demetrio, D. (1996), *Raccontarsi*. Raffaello Cortina, Milão.

Di Benedetto, A. (2000), *Prima della parola*. Franco Angeli, Milão.

Di Chiara, G. (1985), "Una prospettiva psicoanalitica del dopo Freud: un posto per l'altro". In *Rivista di Psicoanalisi*, 31, p. 451.

Di Chiara, G. (1992), "L'incontro, il racconto, il commiato. Tre fattori fondamentali dell'esperienza psicoanalitica". In Nissim Momigliano, L., Robutti, A. (Org.), *L'esperienza condivisa*. Raffaello Cortina, Milão.

Di Chiara, G. (1997), "La formazione e le evoluzioni del campo psicoanalitico". In Gaburri, E. (Org.), *Emozione e interpretazione*. Bollati Boringhieri, Turim.

Duparc, F. (1998), *L'élaboration*. L'ésprit du temps, Bourdeaux-Le Bouscat.

Eco, U. (1979), *Lector in fabula*. Bompiani, Milão.

Eco, U. (1990), *I limiti dell'interpretazione*. Bompiani, Milão.

Eizirik, C. L. (1993), "Entre a escuta e a interpretação: um estudo evolutivo da neutralidade psicanalítica". In *Revista de Psicanálise da Sociedade Psicanalítica de Porto Alegre*, 1, 1.

Eizirik, C. L. (1996), "Psychic reality and clinical technique". In *Int. J. Psycho-Anal.*, 77, 1, pp. 37-41.

Fabbrici, C. (2000), *Nel caravanserraglio*. Borla, Roma.

Faimberg, H. (1988), "A l'écoute du téléscopage des générations: pertinence psychanalytique du concept". In *Topique*, 42, pp. 223-228.

Faimberg, H. (1989), "Sans mémoire et sans désir: à qui s'adressait Bion". In *Révue Française de Psychanalyse*, 53, p. 54.

Faimberg, H. (1996), "Listening to Listening". In *Int. J. Psycho-Anal.*, 77, 4, pp. 667-677.

Ferro, A. (1985), "Psicoanalisi e favole". In *Riv. Psicoanal.*, XXXI, 2, pp. 216-230.

Ferro, A. (1991a), "From Ranging Bull to Theseus: the long path of a transformation". In *Int. J. Psycho-Anal.*, 72, 3, pp. 417-425.

Ferro, A. (1991b), "La mente del analista en su trabajo: problemas, riergos, necessitades". In *Revista de Psicoanálisis*, 5/6, pp. 1159-1177.

Ferro, A. (1992a), "Zwei Autoren auf der Suche nach Personen: die Beziehung, das Feld, die Geschichte". In *Psyche*, 10, 47, pp. 951-972, 1993.

Ferro, A. (1992b), *La tecnica nella psicoanalisi infantile. Il bambino e l'analista: dalla relazione al campo emotivo*. Raffaello Cortina, Milão.

Ferro, A. (1993a), "From hallucination to dream: from evacuation to the tolerability of pain in the analysis of a preadolescent. In *The Psychoanalytic Review*, 80, 3, pp. 389-404.

Ferro, A. (1993b), "The impasse within a theory of the analytic field: possible vertices of observation". In *Int. J. Psycho-Anal.*, 74, 5, pp. 971-929.

Ferro, A. (1994a). "Criterios sobre la analizabilidad y el final del análisis dentro una teoría del campo". In *Revista de Psicoanálisis*, 3, p. 97.

Ferro, A. (1994b), "El dialogo analítico: mundos posibles y transformaciones em el campo analítico". In *Revista de Psicoanálisis*, 51, 4, pp. 771-790.

Ferro, A. (1994c), "Il dialogo analitico: costituzione e trasformazione di mondi possibili". In *Rivista di Psicoanalisi*, 40, 3, pp. 389-409.

Ferro, A. (1994d), "Mundos posibles y capacidades negativas del analista em su trabajo". In *Congreso Ibérico de Psicoanálisis*, III, pp. 141-151.

Ferro, A. (1996a), "Sexuality as a narrative genre or dialect in the consulting-room: a radical vertex". In Bion Talamo, P.,

Borgogno, F., Merciai, S. (Org.), *W. R. Bion Between Past and Future*. Karnac, Londres e Nova York, 2000.

Ferro, A. (1996b), "Carla's panic attacks: insight and transformations: what comes out of the cracks: monster or nascent thoughts?". In *Int. J. Psycho-Anal.*, 77, pp. 997-1011.

Ferro, A. (1996c), "Elogio da Fileira C: a psicanálise como forma particular de Literatura". Apresentado no congresso "Silêncios e luzes: sobre a experiência psíquica do vazio e da forma". Organizador L. C. Uchôa Junqueira Filho. Casa do Psicólogo, São Paulo.

Ferro, A. (1996d), "Los personajes del cuarto de análisis: qué realidad?". In *Revista de Psicoanálisis de Madrid*, 23, pp. 133-142.

Ferro, A. (1996e), *Nella stanza d'analisi. Emozioni, racconti, trasformazioni*. Raffaello Cortina, Milão.

Ferro, A. (1997), "Similarités et différences entre l'analyse de l'enfant et de l'adolescent". In *Bulletin FEP*, 50, Printemps, 1998.

Ferro, A. (1998a), "Il sogno della veglia: teoria e clinica". Congresso Nacional SPI, Roma, 1998. In *Rivista di Psicoanalisi*, XLIV, p. 1.

Ferro, A. (1998b), La *supervisione: aspetti teorici e clinici. Seminari di San Paolo*. Raffaello Cortina, Milão.

Ferro, A. (1999a), *La psicoanalisi come letteratura e terapia*. Raffaello Cortina, Milão.

Ferro, A. (1999b), "'Characters' and their precursor in depression: experiences and transformation in the course of therapy". In *Journal of Melanie Klein and Object Relations*, 17, 1, pp. 119-133.

Ferro, A. (1999c), "Narrative derivatives of alpha elements. Clinical implications". In *International Forum of Psychoanalysis*, 2002.

Ferro, A. (1999d), "Interpretation, Dekonstruktion, Erzählung, oder die Beweggründe von Jacques". In *Psyché 2001*, 2002, pp. 1-19.

Ferro, A. (1999e), "Contenitore inadeguato e violenza delle emozioni: dinosauri e tartarughe". In *Quaderni di psicoterapia infantile*, 39. Borla, Roma.

Ferro, A. (2000a), "O respeito pela mente". In *Revista IDE*, 1, Sociedade Brasileira de Psicanálise de São Paulo.

Ferro, A. (2000b), "Temps e la rêverie et temps de l'evacuation". In *Enfance Psy*, 13, pp. 129-136.

Ferro, A. (2000c), "'Evidência' de Bion". In *Revista de Psicanálise da Sociedade Psicanalítica de Porto Alegre*, VII, 2, pp. 281-284.

Ferro, A. (2000d), *Prima Altrove Chi*. Borla, Roma.

Ferro, A. (2000e), "Le jeu: Personnages, Récits, Interprétations". In *Journal de la Psychanalyse de l'Enfant*, 26, pp. 139-160.

Ferro, A. (2000f), "Construction d'une histoire, déssin et jeu dans l'analyse d'enfants". In Decobert, S., Sacco, F. (Org.). *Psychotérapie psychanalytique de l'enfant et de sa famille*. Èrès, Ramonville Saint-Agne.

Ferro, A. (2001a), "Séparation entre rêve et évacuation". In *Revue Française de Psychanalyse*, 2, pp. 489-498.

Ferro, A. (2001b), "Rêve de la veille et narration". In *Revue Française de Psychanalyse*, LXV, pp. 285-297.

Ferro, A. (2001c), "From the tyranny of the Superego to the democracy of affects: the transformational transit in the psychic apparatus of the analyst". In *Bulletin FEP*, 55.

Ferro, A. (2002a), "Some implications of Bion's thought: the waking dream and narrative derivatives". *Int. J. Psychoanal.*, 83(Pt. 3), pp. 597-607.

Ferro, A. (2002b), "Superego transformations through the analyst's capacity for rêverie". In *The Psychoanalytic Quarterly*, 71, 3, pp. 477-501.

Ferro, A., Meregnani, A. (1994), "Listening and transformative functions in the psychoanalytical dialogue". In *Bulletin FEP*, 42, pp. 21-29.

Ferro, A., Meregnani, A. (1998), "The inversion of flow of projective identification in the analyst at work". In *Australian Journal of Psychotherapy*, 16, pp. 94-112.

Ferruta, A. (1997), *Tra Corinto e Tebe. Il controtransfert all'incrocio tra riconoscimento e accecamento*. Congresso Ítalo-Francês de Palermo.

Ferruta, A., Goisis, P. R., Jaffé, R., Loiacono, N. (2000), *Il contributo della psicoanalisi nella cura delle patologie gravi in infanzia e adolescenza*. Armando, Roma.

Fonagy, P. et al. (1995), "On transference and its interpretation". In *Psychoanalysis in Europe*, 45.

Freud, S. (1921), *Psicologia delle masse e analisi dell'Io*. Tr. it. in "Opere", vol. 9. Boringhieri, Turim, 1977.

Freud, S. (1922), *L'Io e l'Es*. Tr. it. in "Opere", vol. 9. Boringhieri, Turim, 1977.

Freud, S. (1932), *Introduzione alia psicoanalisi (nuova serie di lezioni)*. Tr. it. in "Opere", vol. 2. Boringhieri, Turim, 1979.

228　REFERÊNCIAS

Gabbard, G. (2000), "Violazioni sessuali e non sessuali dei confini in psicoanalisi". Seminário no Centro Milanês de Psicanálise, 1. dez.

Gabbard, G., Lester, E. P. (1995), *Violazioni del setting*. Tr. it. Raffaello Cortina, Milão, 1999.

Gabrielli, A. (1997), Comunicação pessoal.

Gaburri, E. (1982), "Una ipotesi di relazione tra trasgressione e pensiero". In *Rivista di Psicoanalisi*, 4, p. 511.

Gaburri, E. (1987), "Narrazione e interpretazione". In Morpurgo, E., Egidi, V. (Org.), *Psicoanalisi e narrazione*. Il Lavoro editoriale, Ancona.

Gaburri, E. (1992), "Emozioni. Affetti. Personificazioni". In Hautmann, G., Vergine, A. (Org.). *Gli affetti nella psicoanalisi*. Borla, Roma.

Gaburri, E. (1997) (Org.), *Emozione e interpretazione*. Bollati Boringhieri, Turim.

Gaburri, E., Ferro, A. (1988), "Gli sviluppi kleiniani e Bion". In Semi, A. (Org.), *Trattato di psicoanalisi*, vol. I. Raffaelo Cortina, Milão.

Gibeault, A. (1991), "Interpretation and transference". In *Bulletin FEP*, 50.

Green, A. (1973), *Il discorso vivente*. Tr. it. Astrolabio, Roma, 1974.

Green, A. (1993), *Il lavoro del negativo*. Tr. it. Borla, Roma, 1996.

Green, A. (1998), "Prefazione". In Duparc, F. (1998).

Grinberg, L., Grinberg, R. (1978), "Aspetti normali e patologici del Super-Io e dell'Ideale dell'Io". In Mancia, M. (Org.), *Super-Io e Ideale dell'Io*. Il Formichiere, Milão, 1979.

Guignard, F. (1996), *Nel vivo dell'infantile*. Tr. it. Franco Angeli, Milão, 1999.

Guignard, F. (1997a), *Épître à l'objet*. Presses Universitaires de France, Paris.

Guignard, F. (1997b), "L'interprétation des configurations oedipiennes en analyse d'enfants. Psychanalyse en Europe". In *Bulletin FEP*, 50.

Guignard, F. (2000), Comunicação pessoal.

Hautmann, G. (1977), "Pensiero onirico e realtà psichica". In *Rivista di Psicoanalisi*, 23, pp. 62-127.

Hautmann, G. (1996), "Pellicola di pensiero: sensorialità, emozione, gruppalità, relazione nella veglia e nel sonno". In *Psicoanalisi e metodo*, vol. I, Borla, Roma.

Jaques, E. (1970), *Lavoro, creatività e giustizia sociale*. Tr. it. Bollati Boringhieri, Turim, 1978.

Jacobs, T. (1999), "On the question of self-disclosure by the analyst: error or advance in technique". In *Psychoanal. Q.*, 63, 2, pp. 159-183.

Imbasciati, A. (1994), *Fondamenti psicoanalitici delta psicologia clinica*. UTET, Turim.

Kaes, R., Faimberg, H., Enriquez, M., Baranes, J. J. (1993), *Trasmissione delta vita psichica tra generazioni*. Tr. it. Borla, Roma, 1995.

Kancyper, L. (1990), "Narcisismo y pigmalionismo". In *Revista de psicoanálisis*, 48, 5/6, p. 1003.

Kancyper, L. (1997), *Il confronto generazionale*. Tr. it. Franco Angeli, Milão, 2000.

Kernberg, O. (1993), "Convergences and divergences in contemporary psychoanalytic technique". In *Int. J. Psycho-Anal.*, 74, p. 659.

Kernberg, O. (1996), "Interpretação: Revelação ou Criação?". Apresentado no congresso "Bion in São Paulo: Resonances", São Paulo, nov.

Klein, M. (1928), *I primi stadi del conflitto edipico*. Tr. it. in "Scritti 1921-1958". Boringhieri, Turim, 1978.

Klein, M. (1945), *Il complesso edipico alla luce delle angosce primitive*. Tr. it. in "Scritti 1921-1958". Boringhieri, Turim, 1978.

Lussana, P. (1991), "Dalla interpretazione kleiniana alla interpretazione bioniana attraverso l'osservazione dell'infante". Apresentado no congresso da AIPPI, Roma, 2. jun.

Mabilde, L. C. (1993), "Conceito de Relação de Objeto em psicanálise". In *Revista de Psicanálise da Sociedade Psicanalítica de Porto Alegre*, 3.

Mancia, M. (1994), *Dall'Edipo al sogno*. Raffaello Cortina, Milão.

Mancia, M., Meltzer, D. (1981), "Ego Ideal functions and the psychoanalytic process". In *Int. J. Psycho-Anal.*, 62, pp. 243-250.

Manfredi, S. (1979), "Super-Io e Ideale dell'Io come funzioni degli oggetti interni". In Mancia, M. (Org.), *Super-Io e Ideale dell'Io*. Il Formichiere, Milão.

Meltzer, D. (1967), *Il processo psicoanalitico*. Tr. it. Armando, Roma, 1993.

Meltzer, D. (1973), *Stati sessuali della mente*. Tr. it. Armando, Roma, 1983.

Meltzer, D. (1984), *Vita onirica*. Tr. it. Borla, Roma, 1989.

Meltzer, D. (1992), *Claustrum*. Tr. it. Raffaello Cortina, Milão, 1993.

Meotti, A. (1987), "Appunti su funzione alfa, dolore sensoriale, dolore mentale, pensiero". In Neri, C., Correale, A., Fadda, P. (Org.), *Letture bioniane*. Borla, Roma.

Meotti, F. (1988), "Tecnica transfert realtà". In *Rivista di Psicoanalisi*, 34, 1, p. 53.

Micati, L. (1993), "Quanta realtà può essere tollerata". In *Rivista di Psicoanalisi*, 39, 1, pp. 153-163.

Molinari, S., Negrini, S. (1985), "Funzione di testimonianza e interpretazione di transfert". In *Rivista di Psicoanalisi*, 30, 3, pp. 357-371.

Mori Ferrara, G., Moru, F. (1989), "Una difficile attesa". In *Quaderni Psicoter. Inf.*, 18.

Neri, C. (1993), "Campo e fantasie transgenerazionali". In *Rivista di Psicoanalisi*, 39, 1, pp. 43-64.

Neri, C. (1995), *Gruppo*. Borla, Roma.

Nissim Momigliano, L. (1979), "Come si originano le interpretazioni dell'analista". In *Rivista di Psicoanalisi*, 20, pp. 144-175.

Nissim Momigliano, L. (1984), "Due persone che parlano in una stanza". In *Rivista di Psicoanalisi*, 30, 1, pp. 1-17.

Norman, J. (2001), "The psychoanalyst and the baby: a new look and work with infants". In *Int. J. Psycho-Anal.*, 82, p. 83.

Ogden, T. H. (1979), "On projective identification". In *Int. J. Psycho-Anal.*, 60, pp. 357-373.

O'Shaughnessy, E. (1999), "Relating to the Superego". In *Int. J. Psycho-Anal.*, 80, p. 861.

Petrella, F. (1993), *Turbamenti affettivi e alterazioni dell'esperienza*. Raffaello Cortina, Milão.

Ponsi, M., Filippini, S. (1996), "Sull'uso del concetto di interazione". In *Rivista di Psicoanalisi*, 42, 4, pp. 567-594.

Preve, C. (1988), "Il paziente come guardiano del setting". Apresentado no Centro Milanese di Psicoanalisi.

Puget, J., Wender, S. (1987), "Aux limites de l'analysabilité. Tyrannie corporelle et sociale". In *Revue Française de Psychanalyse*, 3.

Quinodoz, D. (1992), "The psychoanalytic setting as the instrument of the container function". In *Int. J. Psycho-Anal.*, 73, pp. 627-635.

Quinodoz, J. M. (1991), *La solitudine addomesticata*. Tr. it. Borla, Roma.

Quinodoz, J. M. (2001), *Les rêves qui tournent une page*. PUF, Paris.

Renik, O. (1993), "L'enactment nel controtransfert e il processo psicoanalitico". In Horowitz, M. J., Kernberg, O. F., Weinsehl, E. M. (Org.) (1998), *Struttura e cambiamento psichico*. Tr. it. Franco Angeli, Milão.

Renik, O. (1997), "La soggettività e l'obiettività dell'analista". In *Quaderni di Psicoterapia Infantile*, 39, p. 109.

Renik, O. (1999), "Play one's card face up in analysis: an approach to the problem of self-disclosure". In *Psychoanal. Q.*, 68, 4, pp. 521-539.

Ribeiro de Moraes, M. M. (1999), "Hostile and Benign Rêverie". In *Journal of Melanie Klein and Object Relations*, 17, p. 1.

Riolo, F. (1989), "Teoria delle trasformazioni. Tre seminari su Bion". In *Gruppo e funzione analitica*, 2, p. 7.

Robutti, A. (1992), "Introduzione". In Nissim Momigliano, L., Robutti, A. (Org.), *L'esperienza condivisa*. Raffaello Cortina, Milão.

Rocha Barros, E. (1994), "A interpretação: seus pressupostos teóricos". In *Revista de Psicanálise da Sociedade Psicanalítica de Porto Alegre*, 1, 3, pp. 57-72.

Rocha Barros, E. (2000), "Affect and pictographic image: the constitution of meaning in mental life". In *Int. J. Psycho-Anal.*, 81, p. 1087.

Rossi, P. L. (1994), "Attività e passività dell'analista negli inizi difficili in psicoanalisi". In *Atas do X Congresso SPI*, Rimini.

Sacco, F. (1995), "Bref parcour historique". In *Le dessin dans la séance psychanalytique avec l'enfant*. Érés Ramonville, Saint-Agne.

Sarno, L. (1994), "Transfert, controtransfert e campo psicoanalitico". In Atas do X Congresso SPI, Rimini.

Shon, A. (1997), *Vuol dire*. Tr. it. Bollati Boringhieri, Turim.

Smith, H. F. (2000), "Countertransference, conflictual listening, and the analytic object relationship". In *J. Am. Psychoanal. Assoc.*, 48, 1, pp. 95-128.

Speziale-Bagliacca, R. (1998), *Colpa*. Astrolabio, Roma.

Tuckett, D. (1993), "Some thoughts on the presentation and discussion of the clinical material of psychoanalysis". *Int. J. Psycho-Anal.*, 74, 6, p. 1175.

Vallino Macciò, D. (1997), "Il campo psicoanalitico e il giardino segreto: una metafora per lo sviluppo del pensiero vivente". In Gaburri, E. (Org.), *Emozione e interpretazione*. Bollati Boringhieri, Turim.

Vallino Macciò, D. (1998), *Raccontami una storia*. Borla, Roma.

Widlocher, D. (1978), "The ego ideal of the psychoanalyst". In *Int. J. Psycho-Anal.*, 59, pp. 387-390.

Widlocher, D. (2002), "Il posto della sessualità infantile nella cultura contemporanea". In *Quaderni di psicoterapia infantile*. Borla, Roma.

Williams, P. (2001), "Some difficulties in the analysis of a withdrawn patient". In *Int. J. Psycho-Anal*, 82(Pt. 4), pp. 727-746.

Winnicott, D. (1947), "L'odio nel controtransfert". Tr. it. in *Dalla pediatria alla psicoanalisi: scritti scelti*. Martinelli, Firenze, 1975.

Winnicott, D. (1958), "La capacità di essere solo". Tr. it. in *Sviluppo affettivo e ambiente*. Armando, Roma, 1970.

Winnicott, D. (1963), "La paura del crollo". Tr. it. in *Esplorazioni psicoanalitiche*. Raffaello Cortina, Milão, 1995.

Winnicott, D. (1971), *Colloqui terapeutici con i bambini*. Tr. it. Armando, Roma, 1974.

Posfácio: a bicicleta com rodinhas, os tios e a cantiga dos dez "P"

Vincenzo Bonaminio[1]

Eu e minha esposa gostaríamos de consultá-lo para o nosso filho de seis anos. Mudamos para esta cidade por motivos de trabalho há quase um ano [diz meu interlocutor por telefone com um claro sotaque do norte]. Sabe, foi uma decisão repentina, de supetão, pegar ou largar, mas só agora nos organizamos um pouco, estamos nos ambientando. Mas parece que o menino está afetado, voltou a ter dificuldades, sente medos, não dorme bem... não se trata da escola, porém, porque, pelo menos, em toda essa revolução da nossa vida, ele entrou no ensino fundamental diretamente aqui... depois a gente explica melhor... se o senhor puder nos encontrar. Tivemos a indicação de entrar em contato com o senhor por um seu colega para ter uma orientação caso houvesse necessidade de intervir. Na verdade, ele também nos deu dois outros nomes... mas o senhor é o primeiro

---

1   Membro efetivo da Sociedade Psicanalítica Italiana.

> *que estamos consultando... para ser sincero, vimos que é*
> *o mais próximo de nós, quero dizer, de onde moramos...*
> *sabe, estamos em uma nova cidade, em uma parte ain-*
> *da desconhecida, e vimos nas páginas amarelas que os*
> *dois bairros estão bem conectados, poucas pedaladas, e*
> *essas coisas também são importantes.*

Não me escapa, nessa breve interlocução telefônica, a pequena "ferida narcísica" que me é infligida pelo fato de ter sido "esco-lhido" principalmente por razões toponímicas. Ao mesmo tempo, essa referência à "proximidade" amplia em mim a disponibilidade de responder a um pedido de ajuda que me é dirigido de forma essencial, com uma linguagem séria e direta, que me parece revelar uma autêntica preocupação pelas dificuldades da criança.

Escapa-me, porém, tanto durante o telefonema como nas duas consultas que se seguem, *perguntar diretamente* – como sempre me acontece em situações semelhantes de primeiros encontros – quem é o colega que me indicou. Percebo essa minha omissão quando descubro que *sei quem ele é*. É a senhora que me aponta o fato: "Não me parece que nem meu marido nem eu tenhamos mencionado o nome dele", me faz observar agudamente a mulher, intrigada, quando eu – comentando e resumindo alguns elemen-tos da história da criança de cerca de um ano antes, assim como eles a haviam contado – procuro dizer que "Dr. Ferro, oportuna-mente, pensou em oferecer-lhes alguns pontos de referência aqui em Roma em caso de necessidade". A senhora me pergunta se por acaso foi "o próprio Dr. Ferro" a me pré-anunciar a consulta deles, e, enquanto eu respondo que ele é um colega que eu conheço bem, apesar de não ter recebido dele nenhum pré-aviso, paro para refle-tir, comigo mesmo, sobre o que pode ter determinado *essa noção para além de qualquer comunicação concreta.*

Nenhum fenômeno telepático, nenhuma "comunicação inconsciente transitada no fluxo de identificações projetivas deles para mim"! Mais simplesmente, era um *reconhecimento* inequívoco de um *sinal pessoal*, de uma *forma de falar e de estar* com o paciente.

Àquela altura, bastou pouco para eu perceber o significado do meu lapso, daquela irrupção de um nome antes não mencionado por ninguém no decorrer dos nossos encontros. Voltei ao relato deles no início da primeira sessão: eles haviam me dito que o psicanalista que haviam consultado cerca de um ano e meio antes, por um certo número de sessões, e que os havia ajudado muito a enfrentar e resolver os medos da criança, a ponto de ela haver conseguido "até aprender a andar de bicicleta", tinha avisado que "a criança provavelmente teria de voltar a andar de bicicleta com as rodinhas, mesmo que tivesse aprendido a andar sem". E que talvez eles também precisassem de uma "bicicleta com rodinhas" em um momento em que seria difícil enfrentar a nova situação que surgia com a mudança para Roma. E foi por isso que ele pensou em fornecer-lhes alguns nomes de colegas a quem eles poderiam recorrer.

Aquela imagem tão intensa e ao mesmo tempo tão insaturada – e da qual os pais da criança haviam podido *fazer uso*, no sentido winnicottiano, de forma tão significativa em todos aqueles meses de difícil adaptação e inevitável estresse emocional – evidentemente me atingiu em nível pré-consciente, e eu também pude fazer uso dela pré-conscientemente, até que o *agregado emocional* que a imagem era capaz de conter apareceu na minha fala na menção inesperada do colega Antonino Ferro. Quem mais poderia ter usado uma metáfora tão *pictográfica*, tão *imaginativa*, tão pessoal, tão imediata e próxima da realidade emocional de uma criança cheia de medos, que, por outro lado, estava conseguindo elaborá-los, tão semanticamente utilizável por pais certamente inteligentes e sensíveis, mas igualmente incertos na forma de se relacionar com o filho? Aquela imagem havia se *irradiado* até mim: senti, na fala dos pais, que eu era parte da tarefa, da função de dar *suporte*, de oferecer um ponto de *equilíbrio*.

Voltando mentalmente às minhas intervenções verbais com esses pais, à natureza da minha escuta das suas ansiedades, percebia que eu havia me sentido, a cada vez, como uma ou outra rodinha que garante à bicicleta um percurso mais equilibrado. Nenhum jargão psicanalítico, nenhuma referência ao *suporte*, ao *holding*, à *contenção*, à *fase de desenvolvimento* da criança, nenhuma intervenção disfarçadamente didática infiltrou-se naquela imagem que os pais receberam e trouxeram com eles até mim: apenas duas simples, banais rodinhas, que talvez nem sempre se apoiem no chão. Só isso. Nenhuma suposição, mais ou menos implícita, de que o inconsciente é estruturado como as teorias psicanalíticas o descrevem.

No *après-coup* da reflexão do analista – infelizmente, o jargão psicanalítico é inevitável –, mesmo a pequena ferida narcísica inicial devido a uma *escolha* da minha ajuda feita por exigências toponímicas assume, retrospectivamente, durante a consulta, um significado diferente se está ligada, graças à imagem da "bicicleta com rodinhas", àquela expressão inicial dos dois "bairros de Roma bem conectados": "*poucas pedaladas*", havia dito meu interlocutor em seu primeiro contato telefônico, usando já uma metáfora ciclística, naquele momento incompreensível para mim e, na verdade, um tanto bizarra e por mim deixada de lado como uma expressão do "norte"; mas era também derivada ou, melhor, derivável do *cracking-up* – para concordar com Bollas (1995) –, da "fragmentação", isto é, de significados agregados naquela imagem – ou, poderíamos dizer, *passíveis de serem agregados pelo analista* naquela imagem, por sua vez derivada de outras possíveis, infinitas fragmentações dos "objetos", continuamente realizadas pelo *trabalho do inconsciente*.

Levando em consideração um trecho de Winnicott (1963), "poderíamos aqui abordar o assunto do que o analista se propõe com suas interpretações", pois não há dúvida de que a imagem da bicicleta com as rodinhas, pela maneira como ela "trabalhou" *dentro* dos pais, expandindo-se até a sessão comigo, *é* uma interpretação. "De minha parte, a esse respeito, sempre pensei que uma função da interpretação fosse a de estabelecer os *limites* da compreensão do analista": assim, como se sabe, continua a célebre afirmação de Winnicott – autor que Nino Ferro demonstra, neste livro, ter finalmente absorvido e utilizado muito mais que nas suas obras anteriores, um fato que quem escreve o posfácio não pode deixar de destacar sem que, de alguma forma, a sua própria satisfação seja visível.

Lembro-me de que há muitos anos, numa das primeiras conferências da Sociedade Psicanalítica Italiana, dedicada especificamente à análise de crianças e adolescentes (1992), Nino Ferro, a quem, como eu, educadamente lhe perguntava por que, em seu valioso trabalho, escolhera citar certos autores (especialmente Bion) e não outros que também tratavam dos mesmos temas, respondia com humor, de forma igualmente educada, que cada um escolhe, entre seus tios, os preferidos. Naquela ocasião, lembrei-me de um parente distante, para os meus pais não particularmente simpático, que eu amava muito e que chamava, exagerando o vínculo familiar, de "tio", porque, nas raras ocasiões em que, vindo de Nápoles, ele chegava na cidadezinha de Abruzzo, onde eu morei quando criança, ele me levava a dar "voltas" inesquecíveis, inclusive invejadíssimas pelos meus colegas, em seu conversível branco.

Não há dúvida de que há autores cujos escritos e cujas reflexões nos fazem dar "voltas" de horizonte no âmbito da área da situação psicanalítica que são, para cada um, segundo suas próprias inclinações individuais, mais impactantes do que acontece com a leitura de outros autores. Bion é, sem dúvida, aquele "conversível branco" para Nino Ferro: quanto valor há na forma como o conduz, tendo "elaborado" o motor de forma absolutamente original e pessoal! Neste livro, fica evidente que Ferro agora também passou a fazer passeios saudáveis na bicicleta – Winnicott (e sem rodinhas!) – e é provável que o uso desse instrumento, que eu imagino como uma *mountain bike* adequada para terrenos mais inacessíveis, o levará a explorar ainda mais aqueles territórios que aqui ele já começou a investigar. Refiro-me, em particular, aos temas do Capítulo 6, ao Capítulo 8, "A autoanálise e os gradientes de funcionamento do analista", e ao Capítulo 10, "Psicanálise e narração", tão "declarador" de suas posições – na intenção oportuna de levar em consideração o debate e as reações, inclusive críticas, que seu fecundo trabalho despertou na última década na Itália e no exterior – e, ao mesmo tempo, em minha opinião, tão aberto a novos desenvolvimentos e percepções.

Refiro-me, em particular, precisamente ao tema da interpretação, e em especial ao item "A interpretação", que reúne e sintetiza muitas observações sobre o assunto espalhadas ao longo do livro, tanto no que diz respeito às ilustrações clínicas – sempre fornecidas de forma rica e convincente – quanto em reflexões conceituais.

A suavização que – como também Bolognini nota em sua Introdução – Ferro realiza na interpretação do analista, retirando dela aquela aura de "ato taumatúrgico" que se *interpõe* na fala entre paciente e analista, remete, do meu ponto de vista, àquela "afirmação muito simples a respeito da interpretação" sobre a qual escreve o último Winnicott (1968), segundo o qual "o analista reflete (*reflects back*) aquilo que o paciente comunicou". Em outra obra, o autor escreve:

Foi somente nos últimos anos que me tornei capaz de esperar sem impaciência a evolução natural da transferência – a qual surge da crescente confiança do paciente na técnica e na situação psicanalítica – capaz de evitar interromper esse processo natural fazendo interpretações. Nota-se que estou falando sobre fazer interpretações, e não sobre interpretações como tais. *Fico perplexo ao pensar na quantidade de mudanças profundas que impedi ou que atrasei por causa da minha própria necessidade de interpretar. Se apenas soubermos esperar, o paciente chega a compreender de forma criativa.* (Winnicott, 1969, grifo do original)

Sem necessariamente querer tornar "winnicottiana" a elaboração pessoal e original do pensamento de Nino Ferro, creio, porém, que é a essa tendência, a essa *visão* do trabalho psicanalítico, que podemos associar as suas radicais afirmações sobre a interpretação e sobre a capacidade de oscilar do não interpretar ao interpretar.

Não é mais suficiente "interpretar", é necessário "transformar". . . . Postulo a necessidade da extensão do conceito de interpretação para qualquer "intervenção linguística ou não" que seja capaz de gerar transformações . . . (Capítulo 6)

Mas o que fazer com os relatos dos pacientes? Muitos psicanalistas os interpretavam, isto é, quebravam a magia com frases do tipo: "O senhor está me dizendo que...", decodificavam ao paciente o sentido daquilo que ele havia dito.

Pessoalmente, considero essa operação, na maior parte das vezes, nociva, seja porque o paciente sente "desconfirmado" o próprio relato, seja porque se sente humilhado, mas especialmente porque o analista, dessa forma, faria uma mera operação de tradução simultânea em outra linguagem (a própria) em vez de ativar transformações...

Creio que a melhor forma de realizar transformações seja captar, periodicamente, as emoções subjacentes ao relato do paciente, fazendo com que ele sinta uma compreensão e um compartilhar de seu relato. Essa dinâmica ativa, progressivamente, a "competência narrativa" do paciente. (Capítulo 10)

"Competência narrativa do paciente". É neste contexto que compreendo – e assinalo ao leitor – aquela surpreendente inversão de perspectiva que, desde o Capítulo 1 deste livro, Nino Ferro propõe, quase *en passant*, mas explicitamente, quando afirma que nos grupos de supervisão de casos clínicos ele se encontra "cada vez mais transformando a ideia 'reflita antes de falar' em 'fale antes de refletir'".

Se – embora com um pouco de exagero irônico – pudéssemos atribuir a interpretação "taumatúrgica" do analista ao registro catequístico da cantiga dos dez "P" – algo como "primeiro pense, depois fale, porque palavras pouco pensadas causam dor"[2] – Nino Ferro nos diria com radicalidade o oposto, algo como: "fale para pensar, porque pensamentos pouco falados produzem pouco", ou seja, a centralidade da palavra entre os *fatores curativos* da psicanálise enquanto *talking cure*. É à totalidade das *livres associações* de analisando-e-analista no consultório que Ferro se refere explicitamente – de forma análoga à reavaliação do método fundante do

---

2   Em italiano, com os 10 "P": "Prima pensa poi parla, perchè parole poco pensate producono pena" [N.T.].

tratamento psicanalítico que fazem outros autores contemporâneos (estou pensando em Bollas e em Green). Portanto, ele nos mostra que sua reversão de perspectiva "permite entrar em contato com o funcionamento onírico da mente, que é capaz de criar muitos mais nexos e sentidos do que qualquer 'reflexão'. No fundo, nos é pedido encontrar um sentido novo, original, a 'fatos' por si só mudos".

No livro que o leitor acaba de ler, o autor, com aquela natural habilidade que o caracteriza, não só de transmitir na escrita a experiência clínica com o paciente, mas também de descrevê-la conceitual e teoricamente, assim resume de forma mais completa esse processo:

> *O analista, portanto, se coloca como alguém capaz de ouvir, compreender, captar e descrever as emoções presentes no campo e como uma espécie de "enzima" de transformações ulteriores. Isso acontece numa ótica na* qual não há um *inconsciente a desvendar, mas uma capacidade de pensar a ser desenvolvida ... Ou, mais radicalmente, o analista não decodifica o inconsciente, mas opera um desenvolvimento do consciente e um progressivo alargamento do próprio inconsciente, conforme a já citada expressão de Bion segundo a qual a psicanálise é uma sonda que alarga o próprio campo que explora. (grifo meu)*

Quantos desenvolvimentos e quantas transformações na psicanálise contemporânea, da qual Nino Ferro se tornou, de forma consolidada, uma voz de autoridade no panorama internacional; mas também quanta consonância de base com a psicanalise *tout court*, com o freudiano "*Wo Es war, soll Ich werden*", "Onde havia o id, que se torne ego".

Referências

Bollas, C. (1995), *Cracking Up. Il lavoro dell'inconscio*. Tr. it. Raffaello Cortina, Milão, 1996.

Freud, S. (1932), "Lezione 31. La scomposizione della personalità psichica". In *Introduzione alla psicoanalisi*. Tr. it. in "Opere", vol. 11. Boringhieri, Turim, 1979.

Winnicott, D. W. (1963), "Comunicare e non comunicare: studio di alcuni opposti". Tr. it. in *Sviluppo affettivo e ambiente*. Armando, Roma, 1972.

Winnicott, D. W. (1968), "L'interpretazione in psicoanalisi". Tr. it. in *Esplorazioni psicoanalitiche*. Raffaello Cortina, Milão, 1995.

Winnicott, D. W. (1969), "L'uso dell'oggetto e l'entrare in rapporto attraverso le identificazioni". Tr. it. in *Gioco e realtà*. Armando, Roma, 1984.